KÖPENICK
BAUDENKMALE

KÖPENICK
BAUDENKMALE

Besonderer Dank gilt der
KÖWOGE
Köpenicker Wonungsgesellschaft mbH,
ohne deren Unterstützung
dieses Buch nicht
möglich gewesen wäre.

Herausgegeben vom
Bezirksamt Köpenick von Berlin
Abteilung Bau- und Wohnungswesen
Bau- und Wohnungsaufsichtsamt
Untere Denkmalschutzbehörde

Herausgeber:
Bezirksamt Köpenick von Berlin
Abteilung Bau- und Wohnungswesen
Bau- und Wohnungsaufsichtsamt
Untere Denkmalschutzbehörde

Text:
Christian Breer

Koordination:
KÖWOGE mbH, ein Unternehmen der DEGEWO-Gruppe
(Jens-Jürgen Strauch, Haike Kaufmann)

Fotos:
Jochen Eichler (149),
KÖWOGE (4), Untere Denkmalschutzbehörde (4),
Michael Knappe (1), Karl-Heinz Loth (1), Hans-Joachim Knöfel (2)
Historische Karte:
Heimatmuseum Köpenick

Gestaltung:
MedienFactory · Peter Kanzler & Jochen Eichler

Druck:
Das Druckhaus · Elster-Werkstätten gGmbH

Inhalt

Vorwort

Die große Besucherzahl am Tag des Offenen Denkmals zeigt das stetig wachsende Interesse an der Denkmallandschaft im Bezirk Köpenick. Hierbei stellt sich immer wieder heraus, dass nicht nur das Schloß Köpenick oder das Rathaus gern besucht werden, sondern auch die beeindruckenden Industriegebäude in Oberschöneweide besichtigt und die über Jahrzehnte gewachsene Bebauung in der Bölschestraße sowie die Dorfanlagen Rahnsdorf, Schöckwitz und Müggelheim ein reges Interesse hervorrufen.

Für den Bezirk Köpenick sind die Baudenkmale und die damit verbundene Pflege von großer Bedeutung, da ihr Erhalt identitätsstiftende Wirkung entfaltet.

Der Denkmalschutz umfasst nicht nur die Restaurierung von Kirchen, Schlössern und Palais, sondern beinhaltet zugleich die Bewahrung von Industriehallen, Wohn und Geschäftshäusern, von Gärten und Parkanlagen. Einzelne Stadtteile, Dörfer und Industriekomplexe stehen als Gesamtanlagen unter Denkmalschutz.
Das vorliegende Buch soll daher nicht nur einen Überblick über die Vielzahl der Denkmale des Bezirkes geben, sondern darüber hinaus den Bürgerinnen und Bürgern als Anreiz zu einem Besuch des Bezirkes dienen und ihnen den Denkmalschutz näher bringen.
Es dokumentiert die Vielschichtigkeit der Köpenicker Baudenkmale und beschreibt zugleich die Bemühungen um den Erhalt der Denkmale.

Ich hoffe, dass dieses Buch dazu beitragen wird, viele Besucher, Bürger und Denkmaleigentümer von der Bedeutung des Denkmalschutzes zu überzeugen.

Oliver Scholz
Bezirksstadtrat für Bau- und Wohnungswesen

Einleitung

Zur Bedeutung der Köpenicker Denkmallandschaft

Die Geschichte des Bezirks Köpenick darzustellen und seine Baudenkmale zu beschreiben ist zu dessen Verständnis unerläßlich. Aber andererseits muß auch gefragt werden, welche Bedeutung der Bezirk mit seiner eigenen Geschichtslandschaft im Gesamtzusammenhang mit der Geschichte und Baugeschichte der Stadt Berlin einnimmt.

Die Köpenicker Besonderheiten, wie sie in der "Landschaft" der Bau-, Garten- und Bodendenkmale zum Ausdruck kommen, können indes nicht verstanden werden, wenn man die naturräumlichen Voraussetzungen außer Acht lässt. Immerhin ist der Bezirk das waldreichste, von weiten Wasserläufen und großen Seen geprägte Gebiet der Bundeshauptstadt, in das die historischen Siedlungen gewissermaßen eingebettet sind. Zu fragen ist also, ob und wie sich Köpenick etwa vom vornehmen Berliner Südwesten - von Dahlem bis Wannsee - mit seiner Villen- und Landhausbebauung, der sich seit dem 19. Jahrhundert im Spannungsfeld zwischen der alten Reichshauptstadt Berlin und der Nebenresidenz Potsdam entwickelt hat, unterscheidet. Zu fragen ist auch welche Charakteristika den Südosten beispielsweise im Vergleich mit der nördlichen Peripherie Berlins prägen.

Die alte Reichshauptstadt kam im Zuge ihrer industriellen Randwanderung um 1896 mit der beeindruckenden Niederlassung der AEG gewissermaßen nur bis Oberschöneweide. Das stürmische Wachstum der Reichshauptstadt hat das Köpenicker Gebiet nie so überlagert und stadtgestalterisch überformt wie etwa Charlottenburg oder Neukölln, die als eigenständige Großstädte im Häusermeer Berlins nahezu untergegangen sind. Köpenick blieb dagegen Peripherie mit den strukturellen Merkmalen einer eigenständigen Entwicklung, selbst wenn diese seit dem Dreißigjährigen Krieg im Banne Berlins stand. Die Dörfer und Kolonien blieben und sind wegen ihrer Einbettung in den Naturraum als eigenständige Siedlungspunkte erkennbar. Die Altstadt von Köpenick besaß und besitzt immer noch eigene, sich in das engere Umland vorschiebende Vorstädte und entwickelte Ansätze eigener Industrieniederlassungen, auch wenn diese wie das Spindlersche Unternehmen oder das Mustergut von Carl Bolle auf Berlin hin angelegt worden sind. Und selbst die kurprinzliche Residenz auf der Schloßinsel war Teil der sich seit dem Großen Kurfürsten um Berlin herum ausbildenden Residenzenlandschaft. Selbst die Friedrichshagener lieferten ihr Gemüse und andere Produkte nach Berlin.

Die Angleichung an eine einheitliche Großstadtduktur begann erst mit den Plattenbau-Siedlungen nach 1945 und setzt sich heute mit der Verdichtung der Wohngebiete in den Kolonien und Freizeitgebieten des 19. Jahrhunderts durch kleine Einfamilienhäuser fort.

Die Bedeutung von Schutz und Pflege des geschichtlichen und naturräumlichen Bestandes dient somit dazu, die Eigenart des Bezirkes gerade im Gesamtverband Berlins zu bewahren. Nach wie vor geht von Berlin ein Entwicklungsdruck aus, der weniger durch die Inanspruchnahme neu zu erschließender Bauflächen gekennzeichnet wird, sondern vielmehr durch Verdichtung locker bebauter und deshalb auch landschaftlich geprägter Gebiete, besonders aber durch Abbruch alter Bausubstanz und Ersatz durch großflächige Bebauungen gekennzeichnet wird. Auch durch solche Veränderungen kann, wenn sie nicht geschickt gesteuert werden, Eigenart verloren gehen.

Die präzise ablesbaren, in ihre Naturräume eingebetteten Siedlungszellen sind das Besondere des Bezirks Köpenick: Altstadt, Vorstädte, Industriegebiete, Dörfer und Kolonien lassen sich als eigenständige Individuen jeweils mit besonderer Physiognomie erkennen. Grob gesagt besteht der Bezirk eben nicht aus dem vielzitierten "Siedlungsbrei" mit scheinbar endloser Ausdehnung und ohne innere Strukturierung.

Mit dem historischen Bestand behutsam umzugehen und ihn zu revitalisieren ist somit eine Hauptaufgabe des Bezirks. Die Baudenkmale und der Naturraum sind gewissermaßen die "stille Reserve" des Bezirks. Und solche "stillen Reserven" greift man bekanntlich nicht an.

Prof. Dr. Helmut Engel
Landeskonservator

Köpenick
Historische Entwicklung

Die auf einer Insel an der Mündung der Dahme in die Spree entstandene Stadt Köpenick weist neben der Doppelstadt Berlin/Kölln und Spandau den dritten mittelalterlichen Stadtkern im Land Berlin auf.[1]

Die Ansiedlung auf der Insel erfolgte bereits um 600 an einer Furt, die Teil einer wichtigen Handelsverbindung im Osten des Berliner Urstromtals war. Die günstige Lage führte im 12. Jahrhundert zur Ausbildung eines politischen Zentrums, das unter dem slawischen Fürsten Jacza Mitte des 12. Jahrhunderts seinen Höhepunkt erreichte.[2] Durch die Zerstörung der slawischen Burg und das Ende der Herrschaft Jaczas, dessen Umstände bisher noch ungeklärt sind, brach die kontinuierliche Entwicklung ab. Erst mit der Unterwerfung des Landes durch den Markgrafen von Meißen, Konrad II., und schließlich nach der Eroberung des Gebietes durch die Askanier um 1245 begannen neue Ansiedlungstätigkeiten, in deren Verlauf vermutlich eine Feldsteinbasilika mit breitem Westturm in der heutigen Straße Alt-Köpenick entstand, und die Burg wieder instand gesetzt wurde.[3]

Ausgrabungen auf dem Grundstück Alt-Köpenick 17-19, Ecke Rosenstraße belegen, dass mit Beginn des 13. Jahrhunderts zeitgleich mit dem Kirchenbau neue Häuser im früheren slawischen Siedlungskern entstanden sind. Der auf diesem Grundstück gefundene Grundriss eines Ständerbohlenhauses mit den Ausmaßen 8m x 7m lässt einen verhältnismäßig großen Bau vermuten. Häuser mit ähnlichen Ausmaßen aus dieser Zeit lassen sich sonst nur in Handelszentren wie Lübeck wiederfinden.[4]

Im Gegensatz zu den benachbarten Städten Berlin und Spandau vermochte Köpenick noch nicht den Status einer Stadt einzunehmen. Lediglich als oppidum - Flecken - wird der Ort in den Urkunden des 13. Jahrhunderts erwähnt. [5] Schließlich weist das Landbuch Karls IV. 1375 für die erst seit 1325 als civitas benannte Stadt lediglich 24 Hausbesitzer auf.[6]

Die Burg wechselte am Ende des 14. Jahrhunderts häufig den Besitzer. Dadurch wurde die Entwicklung des Ortes erheblich beeinträchtigt. Während der Herrschaft der Luxemburger über Brandenburg gelangte die Burg 1376 in den Besitz von Hans und Ullrich Bieberstein, 1381 in den Besitz der Stadt Berlin und 1394 in den von Heinrich Reichenbach, bis schließlich nach einem kurzen Zwischenspiel des Raubritters Dietrich von Quitzow von 1405 - 1412 mit dem Hohenzollern Friedrich IV. eine kontinuierlichere Entwicklung eintrat.[7] Im Jahr 1409 erwarb der Rat die Gerichtshoheit über seine Bürger. 1424 erhielt die Stadt ihren Jahrmarkt. Zugleich rückte die Burg in den Mittelpunkt des eingerichteten Amtes Köpenick. Dennoch begann erst im 16. Jahrhundert die Bedeutung der noch kleinen Stadt zu steigen, denn der brandenburgische Kurfürst Joachim II. (1535 - 1571) beauftragte den in Köpenick ansässigen welschen Maurer, Meister Wilhelm Zacharias aus Stettin, mit dem Bau eines vierflügeligen dreigeschossigen Jagdschlosses.[8] Der Bau des Schlosses verhalf der kleinen Stadt schließlich zu einem neuen Aufschwung.

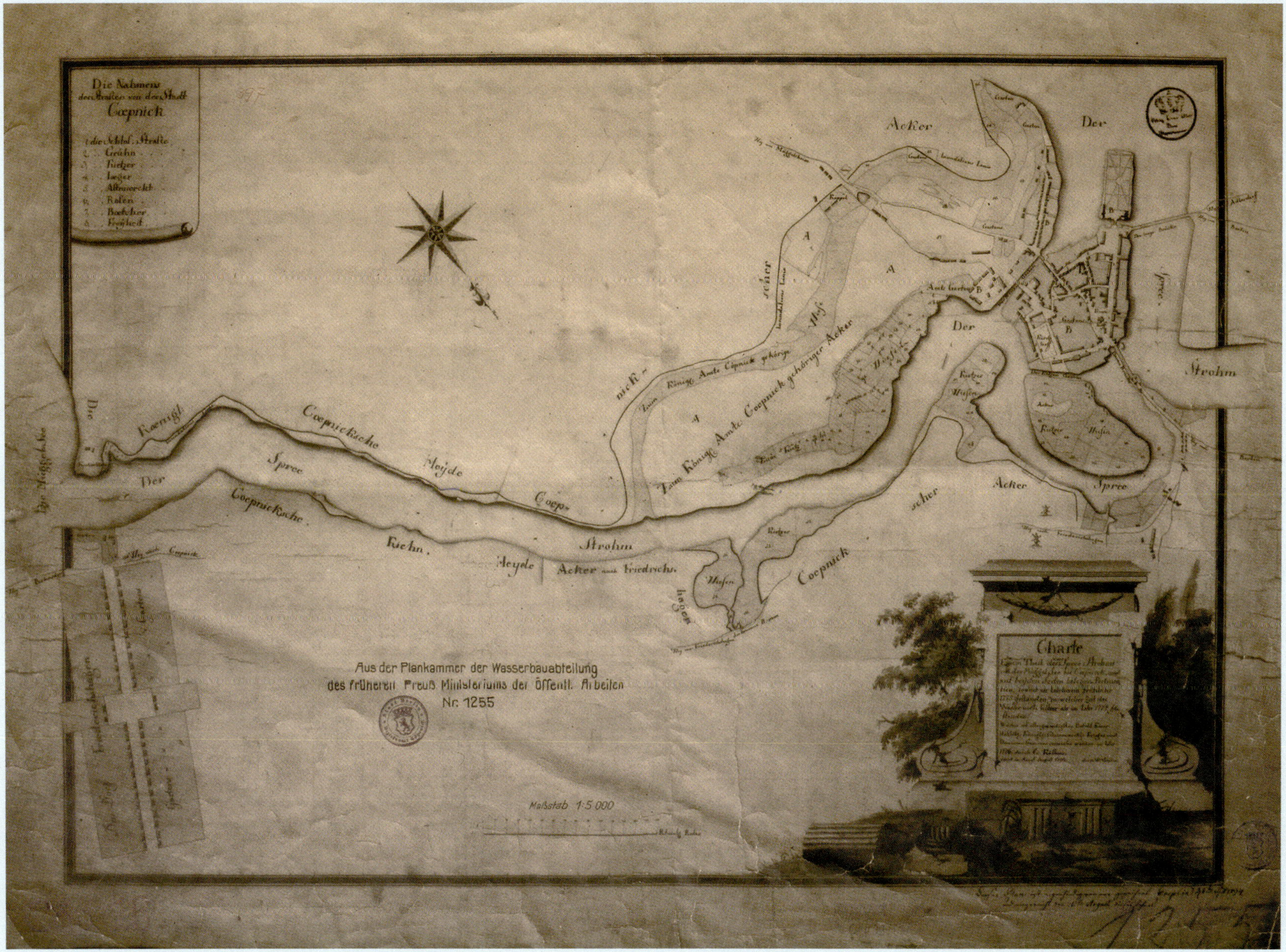
Die Nahmen der Straßen von der Stadt Coepnick
Charte
Der Strohm
Acker
Der
Spree
Coepnicksche Heyde
Der Spree Strohm
Aus der Plankammer der Wasserbauabteilung
des früheren Preuß Ministeriums der Öffentl. Arbeiten
Nr. 1255
Maßstab 1:5 000

Insgesamt zählte sie im Jahr 1570 90 Hausstellen. Auch nach dem plötzlichen Tod Kurfürst Joachims II. 1571 wurde der Bau des Jagdschlosses fortgeführt.
Von den Folgen einer zu Beginn des 17. Jahrhunderts ausgebrochenen Pest und den Besatzungen und Verwüstungen infolge des Dreißigjährigen Krieges erholte sich die Stadt kaum. Von den ehemals 90 Hausstellen waren 1648 lediglich noch 14 vorhanden. Zugleich war das Jagdschloss durch Verwüstungen in Mitleidenschaft gezogen worden.
Die Bestimmung Köpenicks zur Nebenresidenz durch Kurfürst Friedrich Wilhelm im Jahr 1659 bewirkte schließlich einen bedeutenden Entwicklungsschub für die Stadt. Kurfürst Friedrich Wilhelm ließ das Jagdschloss wieder aufbauen. Zugleich wurde die auf das Schloss zuführende Straße begradigt (heutige Straße Alt-Köpenick), und baufällige Häuser wurden durch Neubauten ersetzt.

Im Zusammenhang mit der Eröffnung des Friedrich-Wilhelm-Kanals im Jahr 1669 wurde die Lange Brücke, eine Holzkonstruktion mit insgesamt 70 Jochen, durch den Architekten Michael Matthias Smids erneuert. Im selben Jahr schenkte Friedrich Wilhelm seinen Söhnen, Karl Aemil und Friedrich, das Amt und das Schloß Köpenick. Nachdem Karl Aemil bereits im Jahre 1674 starb, übernahm Kurprinz Friedrich den gesamten Besitz. Auf seine Veranlassung hin wurde das Schloß abgebrochen und im Jahr 1677 Rutger van Langevelt mit dem Bau eines neuen Schlosses beauftragt. Wohl die Heirat mit Prinzessin Elisabeth Henriette von Hessen-Homburg im Jahre 1679 ließ in dem Kurprinzen die Entscheidung reifen, Köpenick als Wohnsitz zu wählen.[9]

Schloß Köpenick
Altstadt Köpenick

Schloß Köpenick,
Dahmeflügel

Schloß Köpenick

An gleicher Stelle, an der das heutige Schloß steht, befand sich seit dem 13. Jahrhundert eine Burg und später ein in den Jahren 1558 bis etwa 1571 errichtetes Jagdschloss. Auf Veranlassung des Kurprinzen Friedrich (später Kurfürst Friedrich III., König Friedrich I.) wurde das Jagdschloss 1677 durch eine neue stattliche barocke Schlossanlage ersetzt.

Parallel zum Flussverlauf der Dahme, an der Westseite der Schloßinsel, entstand der einflügelige dreigeschossige Neubau. Seine Längsseiten sowohl zur Wasser- als auch zur Hofseite werden durch Mittelrisalite gegliedert und erhalten durch die mit Sandstein eingefassten Portale und Fenster einen besonderen Akzent. Je ein Segmentbogengiebel bildet den Abschluss der Risalite.[10]
Beeindruckend sind neben dem äußeren Erscheinungsbild der

Schloßanlage vor allem die Treppenanlagen und die mit reichen Stuckkaturen und aufwendigen Malereien ausgestatten Innenräume. Sie stammen aus der Werkstatt Giovanni Caroveri. Die noch erhaltenen Raumausmalungen dokumentieren den Willen des Landesherrn eines zu Beginn des 18. Jahrhunderts prosperierenden Landes, dem Schloß ein prächtiges Aussehen zu geben.

An der Ostseite der Insel, dem Schloßbau gegenüber, wurden im Zeitraum von 1682 - 1684 durch den jungen Architekten Arnold Nering die Schloßkapelle mit den zu beiden Seiten angefügten Wirtschaftsgebäuden errichtet. Hier erfahren die Fassaden in der Gliederung und dem plastischen Schmuck eine Angleichung an den Schloßbau. Der Kapellenflügel fällt zwar im Vergleich sehr niedrig aus, erhält jedoch durch die mit einer hohen Kuppel und einer hölzernen Laterne betonte Kapelle ein würdiges Erscheinungsbild. Die Innenraumgestaltung der Kapelle wurde wie die des Schloßbaus von italienischen Künstlern aufwendig ausgeführt. Die beidseitigen Wirtschaftsgebäude wurden ihrem Zweck entsprechend, innen wie auch außen, einfacher gestaltet.

Zusammen mit dem Kapellenflügel wurden um 1682 am nördlichen Zugang der Schloßinsel ein Tor, zwei flankierende Torhäuser und schließlich um 1688 ein an den Schloßflügel angrenzender offener Gallerieanbau errichtet, der nachträglich vermauert wurde. Um 1693 begannen wiederum unter der Leitung Nerings die Arbeiten an einem Mittelflügel zwischen Kapelle- und Schloßflügel, der die Anlage zur Stadtseite hufeisenförmig öffnen sollte. Dieser Bau wurde jedoch über das Kellergeschoss hinaus nicht fortgesetzt. Was letztlich zur Einstellung der Bauarbeiten an dem begonnen Mittelflügel führte, lässt sich nicht mit Gewissheit ergründen.

Schloß Köpenick Mittelansicht, Haupteingang (Restaurierungsmaßnahmen 1999)

Vermutlich war die um 1694 - 1695 getroffene Entscheidung, Lietzenburg, das spätere Charlottenburg, anstelle von Köpenick zur

Ansicht
Altstadtinsel
Köpenick

Sommerresidenz des Königs zu wählen, der ausschlaggebende Grund für die Einstellung weiterer Ausbaumaßnahmen der Schloßanlage in Köpenick.[11]

Köpenick wurde bis in die Zeit Friedrichs II. nur noch als Jagdschloss genutzt, ehe es 1749 bis 1782 zum Witwensitz der Prinzessin Henriette Marie von Brandenburg-Schwedt bestimmt wurde. 1804 gelangte das Schloss in den Besitz des Grafen von Schmettau und ab 1819 in die Verwaltung des königlichen Domänenamtes. Mit dem Einzug des Lehrerseminars im Jahr 1851 setzte zumindest bis 1926 eine kontinuierliche Nutzung ein, die den Erhalt dieser Anlage gewährleistete, allerdings auch substanzeingreifende Veränderungen mit sich brachte.[12] Mit dem ab 1963 im Haus befindlichen Kunstgewerbemuseum hat schließlich das Schloss einen Nutzer gefunden, der auch nach der 1993 begonnenen Sanierung einen konservatorischen Erhalt der einmaligen barocken Anlage gewährleistet. Durch die im Haus stattfindende Ausstellung wird es vielen Besuchern des Bezirkes Köpenick ermöglicht, die prachtvollen Innenräume zu besichtigen.

Altstadt Köpenick

Im Zusammenhang mit dem Schlossneubau 1677 wurden auf Veranlassung von Kurfürst Friedrich Wilhelm und schließlich durch seinen Nachfolger Friedrich III. Maßnahmen bezüglich der Stadterweiterung getroffen. Das Domänenamt bekam einen neuen Bauplatz an der östlichen Seite der Altstadtinsel zugewiesen. Die auf das Schloß führende Schloßstraße (heute Alt-Köpenick) wurde begradigt, 1683 die Amts- und Schloßapotheke in dieser Straße angelegt und um 1700 der erste Rathausbau errichtet. Alte eingefallene Häuser in der Schloßstraße und in der Grünstraße ließ Friedrich I. durch Neubauten ersetzen. Um 1670 wurde das Köpenicker Amtsgebäude als nördliche Begrenzung des Schloßplatzes (an der Stelle, an der die Mügelheimer Straße die Altstadt von der Schloßinsel trennt), errichtet. Die Schloßstraße bekam zunehmend einen städtischen Charakter. Des weiteren wurden die Alleen von Alt Glienicke und vom Adlergestell axial auf das Schloß zugeführt.[13] Zugleich holte der Große Kurfürst Einwanderer nach Berlin/Brandenburg, um der durch den Dreißigjährigen Krieg verursachten Entvölkerung entgegenzuwirken. Bereits ein Jahr nach Erlass des Ediktes von Potsdam 1685 ließ sich in Köpenick eine Anzahl Hugenotten nieder und gründete Textilmanufakturen.

Alter Markt 4,
Wohnhaus

Katzengraben 16,
Wohnhaus

Katzengraben 3, Sanierung des Fachwerks

Katzengraben 3, nach der Sanierung mit massiver Fassade (Wohnhaus)

Im Jahr 1697 folgten schließlich 25 und 1700 nochmals 45 Kolonisten. Die Zuwanderer veranlassten den König, im Jahr 1705 im nordöstlichen Umfeld der Stadt, Land zu erwerben und die Stadt zu erweitern. Vom Alten Markt und von der Dammbrücke aus erschlossen entstand die Kurfürstliche Freiheit, an deren Ende ein rechteckiger Platz (Futranplatz) angelegt wurde, der bis 1811 als Friedhof diente. Auf Geheiß Friedrichs I. wurden Manufakturgebäude zur Wollverarbeitung in der Freiheit angelegt, die, wenn sie auch Ende des 18. Jahrhunderts baulich erneuert wurden, in ihrer Kubatur erhalten sind und sich deutlich im Stadtbild abzeichnen. In ihrer unmittelbaren Nähe am Katzengraben wurden für die Manufakturarbeiter typische Miethäuser, häufig in dreigeschossiger Bauweise ausgeführt.[14]

Ein solches Fachwerkhaus mit massiver Fassade, schmaler seitlicher Flurerschließung, im Flur liegender Küche, zur Straße angeordneter Stube und rückwärtiger schmaler Kammer befindet sich im Katzengraben Nr. 3. Es konnte nach intensiven Bemühungen mit Hilfe des Programms „Städtebaulicher Denkmalschutz" saniert werden.

Zugleich entstand im unmittelbarem Umfeld der Altstadt 1665 ein Gut,

Alt-Köpenick 36,
Wohnhaus
Ältestes Gebäude der Altstadt

das dem Heidereiter Bock als Freigut übergeben wurde. Das Haus fällt nicht nur durch seine Größe, sondern auch durch sein hohes Satteldach und die unregelmäßigen Fensteröffnungen auf. Vor allem sticht es durch sein im ersten Obergeschoss erhaltenes Fachwerk hervor. Das ursprünglich im Erdgeschoss vorhandene Fachwerk wurde vermutlich bei einem Umbau um 1720 ausgewechselt. Obgleich das Gebäude auf vielfältige Art genutzt worden ist, ist die Originalsubstanz auch im Innern weitgehend erhalten geblieben. Die heutige Nutzung als Heimatmuseum ermöglicht die Besichtigung des Hauses. Dem Denkmal kommt vor allem durch seinen guten Überlieferungszustand große wissenschaftliche Bedeutung zu.

Die Maßnahmen König Friedrichs I. bedeuteten für die Stadt zunächst eine Neuordnung. Sein Nachfolger, König Friedrich Wilhelm I., setzte die Bemühungen um Ansiedlung von weiteren Kolonisten fort und förderte diese Entwicklung durch zusätzliche Maßnahmen. Er ließ die Straßen der Stadt pflastern und das "Eichgestell" anlegen, um so eine bessere Verbindung zwischen den Schlössern Berlin und Köpenick herzustellen. Stadt und Schloß blieben während der Regierungszeit Friedrich Wilhelms I. unter landesherrlicher Aufsicht. Die 1617 für den Rat der Stadt in Kraft getretene Verfassung wurde 1717 durch ein rathäusliches Reglement ersetzt. Die städtische Verwaltung lag in der Hand eines Magistrats, der mit vom König benannten Beamten besetzt wurde.[15] Die wachsende Bedeutung des Amtes Köpenick hatte zur Folge, dass 1721 an der Einmündung der Amtsstraße in die Landjägerstraße ein neuer Gebäudekomplex errichtet wurde.[16]
Zu den ältesten Häusern der Altstadt Köpenicks zählt das zweigeschossige Haus Alt-Köpenick 36, das 1616 erbaut wurde. Der im Jahr 1887 im Erdgeschoss für eine Durchfahrt vorgenommene Durchbruch und der im Jahre 1929 ausgeführte Umbau für ein Restaurant im Erdgeschoss veränderten den ursprünglichen Zustand. Bei der Sanierung in den Jahren 1992 - 1994 blieben das Fachwerk, der Keller und der 1728 erneuerte Dachstuhl weitgehend erhalten. Für das Erscheinungsbild des Hauses erwies sich der Erhalt der Dachziegel an der Vorderseite als außerordentlich wichtig.
Die Förderung der Textilmanufakturen wirkte sich auf die Bevölkerungsentwicklung der Stadt aus. Die Zahl der Bürger betrug 1730 726 und stieg während der Regierungsjahre Friedrichs II. bis 1780 auf 1441.[17] Mit der wachsenden Bevölkerung entstanden zahlreiche

Alter Markt 1,
ehemaliges Freigut,
heute Heimat-
museum Köpenick

Alt-Köpenick 15, Wohnhaus

zweigeschossige Fachwerkgebäude mit nachträglich vorgeblendeten massiven Fassaden (Alt-Köpenick 38, Alt-Köpenick 14), die sich an vielen Stellen im Stadtbild wiederfinden. Ihre Ansicht hat sich durch den Einbau von Schaufenstern im Erdgeschoss häufig verändert. Im Zuge der Ansiedlung wurde der Kietzgraben als Entwässerungsgraben angelegt, da der Wasserspiegel durch die Spreeregulierung gestiegen war. Ebenso entstanden zum Wasser hin Gassen, um bei Bränden das nötige Löschwasser zu beschaffen.[18]

Die Entscheidung Friedrichs des Großen, das Schloß als Witwensitz zu nutzen, wirkte sich positiv auf die Entwicklung der Stadt aus. Im Jahr 1749 zog, nachdem für eine kurze Zeit die verwitwete Markgräfin von Schwedt das Schloß bewohnte, die Prinzessin Henriette Marie, verwitwete Herzogin von Württemberg-Teck, in das Schloß ein. Auf ihre Wünsche hin wurde schließlich der Hofrat Cardinal von Wiedern bis zum Jahr 1785 Bürgermeister.

Ihr Hofprediger Benjamin de Saint Aubin errichtete, vermutlich unmittelbar nach dem Erwerb des Grundstückes 1756, in der Schloßstraße ein massives zweigeschossiges Wohnhaus, das durch seine Ausstattung zu den prächtigsten Bauten der Altstadt zählt. Dieses Wohnhaus behielt als eines der wenigen Gebäude in der Altstadt seine in Anlehnung an das friderizianischen Rokoko gestaltete Fassade.[19] Die gute äußere Überlieferungsqualität setzt sich im Innern fort. Die um ein ovales Treppenauge führende Holztreppe sowie der Grundriss des Obergeschosses blieben erhalten. Das Palais ist neben der Häusergruppe Alt-Köpenick 8 - 10 eines der Gebäude, das die barocke Entwicklung der Altstadt verdeutlicht. Mit seinen erhaltenen Ausstattungsmerkmalen zählt es zugleich zu einem der wenigen erhaltenen Bauten dieser Epoche im Land Berlin. Durch die Sanierung im Programm „Städtebaulicher Denkmalschutz" konnten die Ausstattungsdetails sowie der Dachstuhl und der Grundriss des Obergeschosses erhalten bleiben.

Der Bau von Manufakturen und die Ansiedlung von Kolonisten führte schließlich 1766 zur Gründung einer Seidenmanufaktur. Der aus Lyon stammende Fabrikant André Simond ersetzte die noch im 17. Jahrhundert unter Kurfürst Friedrich Wilhelm gegründete Wollmanufaktur in der kurfürstlichen Freiheit und baute unter Beibehaltung der Grundrisse neue Manufakturgebäude, für die ihm von Friedrich dem Großen großzügige finanzielle Unterstützung gewährt wurde. Heute noch fallen die Gebäude in der Freiheit durch ihre Größe auf.[20]

Die Seiden- und Textilherstellung nahm eine wichtige Rolle in der wirtschaftlichen Entwicklung Köpenicks ein und führte zu einem bescheidenen Aufschwung Ende des 18. Jahrhunderts.
Mit dem Verkauf des seit 1782 unbewohnten Schlosses an den Grafen Wilhelm von Schmettau im Jahr 1804, der Einführung der Städteordnung 1809 und der Auflösung des Amtes Köpenick 1812 sank der Einfluss des Staates auf die Stadt erheblich. Das Amt Köpenick wurde an den Kaiserlich-Russischen Gesandten und bereits 1821 an Hauptmann von Winterfeldt weiter veräußert, der schließlich das Land in zweihundert Parzellen aufteilte. Infolge der Parzellierung entstanden kleine landwirtschaftliche Betriebe, die die wirtschaftliche Existenz der Bürger der Stadt sicherten, nachdem die Textilherstellung und Seidenproduktion Ende des 18. Jahrhunderts gänzlich zum Erliegen gekommen waren.[21]
Die wachsende Zahl der Gemeindemitglieder und vermutlich die Baufälligkeit der im 13. Jahrhundert errichteten Feldsteinkirche machten schließlich zu Beginn des 19. Jahrhunderts einen Neubau der Kirche notwendig. Nach den Entwürfen von Butzke entstand 1838 bis 1849 an der Stelle der alten Kirche der Neubau der Laurentiuskirche, die in ihren Gestaltungsmerkmalen ganz in der Tradition der zuvor entstandenen Vorstadtkirchen Karl Friedrich Schinkels steht.[22]
Mit der Errichtung eines Haltepunktes an der Berlin-Frankfurter Eisenbahn 1842 und der Einführung des Vorortverkehrs 1881 setzte für die Stadt eine neue Entwicklung ein. Im Umfeld der Altstadt entstanden mit der Kietzer- (1873), der Köllnischen- (1874) und der Dammvorstadt (1883) neue Ansiedlungen, die dazu führten, dass öffentliche Einrichtungen der Stadt auf Grund des neuen Bedarfs erneuert und vergrößert werden mussten.

Alt Köpenick,
St. Laurentiuskirche

Freiheit 15, ehemalige Dorotheenschule

Noch in den 70er Jahren entstanden am Alten Markt das Töchterschulhaus und in der Freiheit 16 das Amtsgericht und Gefängnis in der preußischen Ziegelbautradition.

Eine letzte bauliche Veränderung erfuhr die Freiheit im Jahr 1907 mit der Errichtung einer Mittelschule für Mädchen auf dem Grundstück Freiheit 15. Vermutlich wurde die Schule von Stadtbaurat Hugo Kinzer errichtet, der sich dem Entwurf und der Gestaltung nach eng an den Schulbauten Ludwig Hoffmanns orientierte.[23] Die Fassade, in Renaissanceformen gestaltet, wird durch Sandsteinelemente reich gegliedert. Die Sandsteinelemente am Portal und im Giebel weisen eine hohe handwerkliche Qualität auf. Mit dem Schulgebäude entstand im Innenhof zeitgleich eine Turnhalle, die in der gleichen Formensprache der Neurenaissance ausgeführt wurde. Ihre aufwendige Innendekoration konnte mit Hilfe des Programms „Städtebaulicher Denkmalschutz" saniert werden. Die restaurierte Turnhalle wird zukünftig eine kulturelle Nutzung erfahren, während die ehemalige Schule durch Abteilungen des Bezirksamtes genutzt wird.

Schließlich veränderten mit der Gründerzeit vermehrt drei- bis viergeschossige Wohn- und Geschäftshäuser das gewohnte Bild der Altstadt. Sie ersetzten alte Fachwerkbauten oder schlossen Baulücken. Die der Zeit entsprechenden Bauten lassen sich vor allem in der Kietzer Straße Nr. 5 und Nr. 12/Ecke Grünstraße und in der Grünstraße 11 sowie in Alt-Köpenick16, 18 und 20 finden.

Oben:
Freiheit 15,
Giebel mit
Köpenicker Wappen

Unten:
Detailreiche
Verzierung am
Schulportal

Links:
Alt-Köpenick 4/
Seitenflügel,

Rechts:
Alt-Köpenick 4,
Fassadenansicht des
Vorderhauses

Anstelle eines Fachwerkbaus wurde 1888 auf dem Grundstück Alt-Köpenick 4 ein massiver viergeschossiger Putzbau in historisierenden Neorenaissanceformen von Maurermeister Lahne errichtet. An der Rückfassade schließen sich zwei längsgerichte Seitenflügel an. Der erste linke Seitenflügel wurde als massiver Klinkerverblendbau 1891 errichtet, während der anschließende Bau zwischen 1925 und 1926 als Putzbau ausgeführt wurde. Ihm kommt durch seine zur Dammbrücke ausgerichtete Fassade besondere Wirkung zu. Daher erhielt die Fassade im Gegensatz zu den üblicherweise sehr einfach gestalteten Seitengebäuden eine aufwendigere Gestaltung, die durch geschossteilende Gesimsbänder und wesentlich durch einen zur Hauptseite gewendeten Giebel erzeugt wird.

Am Schloßplatz Alt-Köpenick 31/33 entstand 1888 ein fünfgeschossiges Wohn- und Geschäftshaus, das den ersten Kinosaal aufnahm. Es gehört mit seiner auf dem Mansarddach aufgesetzten barocken Zwiebelkuppel zu den besonders ausgebildeten Eckbauten der Altstadt. Bei der Sanierung in den Jahren 1994/95 wurden die Umbaumaßnahmen aus dem Jahr 1910 mit Schaufensteröffnungen und Reklameflächen beibehalten. Anstelle der Nutzung als Kino fand dort nach der Sanierung das Schloßplatztheater seine neue Spielstätte. Die für diese Nutzung notwendigen Einbauten wurden unter Wahrung der Substanz als zusätzliche Anlagen ergänzt. Mit der Rekonstruktion des Turmes erfuhr die charakteristische Stadtsilhouette eine wichtige Ergänzung.

Alt-Köpenick 31/33,
Wohn- und
Geschäftshaus

Alt-Köpenick 31/33

Links:
Freiheit 1,
Wohn- und Geschäfts-
haus

Rechts:
Freiheit 1,
Stuckdekoration

Weitere Neubauten zeigen die einsetzende moderne Entwicklung der Stadt an.

Die 1874 gegründete Köpenicker Bank errichtete nach den Entwürfen Albert Evekings und Joseph Schewes in der Freiheit 1-2/Ecke Kirchstraße 1905 ein im Jugendstil entworfenes Wohn- und Geschäftshaus, das durch seine Aufbauten im Dach weithin sichtbar ist.

Die Bevölkerungszahl der Stadt Köpenick nahm durch die im Umfeld neu entstandenen Vorstädte und Siedlungen rapide zu. So betrug die Einwohnerzahl unmittelbar vor dem 1. Weltkrieg um 30.000.[24] Der wohl sichtbarste Ausdruck der gewachsenen Bedeutung der Stadt wurde mit dem Neubau des 1901 - 1904 nach den Entwürfen Hugo Kinzers und unter der Leitung von Hans Schütte entstandenen Rathauses geschaffen. Wie bei zahlreichen anderen öffentlichen Bauten wurde bei dem Bau der Stil der märkischen Backsteingotik aufgenommen und mit detailreichen Jugendstildekorationen ergänzt. Den Architekten gelang es, dem mit der wachsenden Einwohnerzahl entstandenen Repräsentationsbedürfnis genüge zu tun und dennoch den Zweck des Gebäudes, eine Verwaltung aufzunehmen, nicht aus den Augen zu verlieren. Die künstlerische Qualität des Gebäudes erlitt durch die unterschiedlichen Vorgaben keinen Verlust. Die Erweiterungen in der Böttcherstraße im Jahr 1926 und der zusätzliche Anbau in der Straße Alt-Köpenick von 1936/39 sind in ihren Ausdrucksformen zurückhaltender und fügen sich durch die Verwendung des gleichen Materials harmonisch in das Erscheinungsbild ein.
Die aufwendigen Schaugiebel, der prachtvolle Eingang und der von allen

Alt-Köpenick 21/29,
Rathaus Köpenick,
Hauptseite

Linke Seite:
Rathaus Köpenick,
Innenhofansicht

Seiten sichtbare Turm haben das Rathaus zum Wahrzeichen der Stadt gemacht und tragen zu der charakteristischen Stadtsilhouette der Altstadt mit Kirche und Schloß wesentlich bei. Der Raub der Stadtkasse durch den Schuster Voigt im Jahr 1906 und schließlich das von Carl Zuckmeyer geschriebene Theaterstück "Der Hauptmann von Köpenick" machten diese Stätte weltbekannt und zu einem historischen Ort.

Um 1910 war die Bebauung der Altstadt Köpenick nahezu abgeschlossen und nur noch wenige Neubauten kamen zu der Altbausubstanz hinzu. Entscheidende Einschnitte für die Altstadt und ihre Bausubstanz erfolgten schließlich in den 70er Jahren. Auf dem ehemaligen Amtsfeld in unmittelbarer Nähe der Altstadt wurde seit dem Jahr 1970 das Salvador-Allende-Viertel errichtet. Um den steigenden Verkehr aufnehmen zu können, wurde eine zweispurige Verkehrsschneise durch die Altstadt gelegt. Obgleich diese Maßnahme einen tiefen Einschnitt für die Bebauung der rückwärtigen Grundstücke der Grünstraße bedeutete, ist dennoch eine über drei Jahrhunderte gewachsene Altstadt erhalten geblieben.

Der besondere denkmalpflegerische Wert der Altstadt resultiert aus der Vielzahl der erhalten gebliebenen Gebäude.

Kietz · Kietzer Vorstadt
Wendenschloß

Ansicht Kietz

Links:
Kietz 21, Hofansicht, Wohnhaus

Rechts:
Kietz 21

Die Besiedlung des Kietzes erfolgte um die Mitte des 13. Jahrhunderts, als die slawische Bevölkerung zur Aufgabe ihrer Niederlassung auf der Schloßinsel gezwungen war. Aus dem Jahr 1355 stammt die erste urkundliche Erwähnung. Bis zum Jahr 1811 zählte der Kietz zum Amt Köpenick, von 1811 bis 1872 zum Amt Mühlenhof und schließlich ab 1897 zur Stadt Köpenick.[25]

Parallel zum Ostufer der Dahme, der Schloßkapelle gegenüber, entstand das Straßendorf mit seinen im Jahr 1589 überlieferten 31 Hausstellen. Zwischen den Häusern wurden Wassergassen angelegt, die zu den auf der Ostseite liegenden Häusern gehörten, und ihren Bewohnern die Ausübung des Fischereigewerbes ermöglichten. Dieses Gewerbe war für die Entwicklung des Kietzes bestimmend. So ist die Bebauung von der bis ins 19. Jahrhundert intensiv betriebenen Fischerei noch heute geprägt.

Kietz 27,
Wohnhaus

Von der ersten Bauphase bis zum Dreißigjährigen Krieg sind keine Bauten überliefert. Nach dem Dreißigjährigen Krieg wurden die Häuser unter Beibehaltung der überlieferten Struktur wieder aufgebaut. Als typische Hausform wird das eingeschossige, traufseitige Haus gewählt, das je nach Grundstücksgröße vier- in der Regel aber fünfachsig mit Satteldach ausgeführt wurde. Über einen breiten Mittelflur wurde das mit Küche, Kammer und Stube ausgestattete Haus erschlossen. Zugleich führte der Flur direkt in den Hof, wo sich das Abort und die für das Fischereigewerbe benötigten Wirtschaftsgebäude befanden.

Zahlreiche Häuser im Kietz weisen noch heute die Substanz der Ende des 17. Jahrhunderts errichteten Häuser auf. Häufig wurden sie im 19. Jahrhundert unter Verwendung der vorhandenen Konstruktionen saniert. So wurde mit großem Engagement der Eigentümer das Haus Kietz 21 instandgesetzt. Im behutsamen Umgang mit der Originalsubstanz wurde das Wohnhaus einschließlich der Nebengebäude erhalten. Weitgehende Originalsubstanz weist schließlich auch das 1727 erbaute Haus Kietz 27 trotz der im 19. Jahrhundert vorgesetzten massiven Fassade auf. Mit der Gründerzeit entstanden die ersten Neubauten, die sich noch an ihrer Höhe an den Häusern orientierten, jedoch mit spätklassizistischen Fassaden, einem erhöhten Drempel und einem Dachausbau versehen worden waren. Schließlich erfolgte bis 1910 der Bau einiger mehrgeschossiger Mietshäuser.

Die Straßenführung im Kietz hat sich über die Jahrhunderte erhalten. Es erfolgte im Gegensatz zur axialen Ausrichtung der Straße Alt-Köpenick, Ende des 17. Jahrhunderts, keine Veränderung. Zugleich behielten die Grundstücke ihre typische Kammstruktur.

Viele Häuser im Kietz wurden bereits denkmalgerecht saniert. Veränderungen vor allem im Dachbereich waren auf Grund der berechtigten Nutzungswünsche der Eigentümer unumgänglich. Dennoch wurde der einzigartige Charakter des Ensembles bewahrt.

Im Zuge des steigenden Bedarfs an Wohnraum Ende des 19. Jahrhunderts wurde das Gebiet um den Kietz mit der Kietzer Vorstadt erweitert.

Kietz 3,
Mietshaus,
Sanierung der Fassade mit gleichzeitiger Lückenschließung durch einen neuen Anbau in der Müggelheimer Straße

Wendenschloßstraße 138, Verwaltungsgebäude mit Treppengiebel, Straßenbahnhof

Links:
Köpenicker Wappen

Rechts:
Wendenschloßstraße 138,
Straßenbahndepot

Zur Entsorgung der Abwasser errichtete die Stadt im Jahr 1906 durch ihren Stadtbaudirektor Hugo Kinzer in der Wendenschloßstraße 93 ein Abwasserpumpwerk, das die Parzellierung der Kietzer Vorstadt und des Ortsteils Wendenschloß beförderte. Das zweigeschossige Gebäude fällt durch seine in der Tradition der märkischen Backsteingotik ausgeführten Gestaltung, insbesondere durch seine beiden hohen Staffelgiebel, in der belebten Straße auf.
Die gleiche Formensprache wandte Kinzer schließlich bei dem in den Jahren 1903/06 in der Wendenschloßstraße 138 gelegenen Straßenbahndepot an. Das Verwaltungsgebäude und die für die Straßenbahnen vorgesehenen Depothallen erhielten eine in roten Ziegeln gestaltete Verblendfassade.

Der südlich an die Kietzer Vorstadt anschließende Ortsteil Wendenschloß wurde bereits auf Veranlassung der Stadt 1892 wohl nach Plänen Hans Schüttes parzelliert. Geprägt wird der Ortsteil von seinen zwischen 1910 und 1930 entstandenen Villen und Landhäusern, wovon die Villa im Slevogtweg 5/9 (1914 - 1915) eine besondere künstlerische Gestaltung durch den Architekten Kurt Schramm erhalten hatte.

Slevogtweg 5/9,
Wohnhaus

Dammvorstadt · Köpenick Nord

Lindenstraße 42, Postamt

Mit der steigenden Bevölkerung und der Ansiedlung industrieller Unternehmen in der unmittelbaren Nähe der Altstadt entstand in der Lindenstraße 35 um 1871 eine kleine Fabrikantenvilla, die durch ihre wohlproportionierte Gestalt im Stadtbild auffällt. Nach jahrelangem Leerstand konnte das Haus instandgesetzt werden. Mit hohem Engagement wurde nicht nur das Äußere des Hauses saniert, im Innern wurde eine unter zahlreichen Farbschichten verborgene Jugendstilmalerei wiedergefunden und restauriert.[26]

Nachdem mit dem letzten Jahrzehnt des 19. Jahrhunderts deutlich wurde, dass keine weiteren öffentlichen Bauten in der Altstadt errichtet werden konnten, wurden diese in der unmittelbaren Umgebung ausgeführt. In der Lindenstraße entstand ein für die wachsende Bevölkerung notwendiges neues Postamt.

Lindenstraße 35, vor der Sanierung

Links: Lindenstraße 35, Villa

Oben: Erker

Unten: Jugendstildekoration

Links:
Lindenstraße 1,
ehemaliges Gymnasium

Rechts:
Polygonale Dacherker

Links:
Platz des 23. April,
Abwasserpumpwerk

Rechts:
Fachwerkkonstruktion

Rechts: Mandrellaplatz 6/Puchanstraße 12, Amtsgericht

Links: ehemaliges Zellengefängnis, Gedenkstätte der Köpenicker Blutwoche

Links unten: Wappenkartusche über dem Eingangsportal

Zwischen 1909 und 1910 baute die Stadt Köpenick unter der Leitung Hugo Kinzers eine mit ihrem Turm weit sichtbare Realschule. Der aus drei Gebäudenkomplexen - Rektorenwohnhaus, Schulgebäude und Aulatrakt - bestehende Bau wird von spätgotischen und von der Renaissance entlehnten Formen geschmückt. Besonders auffallend sind die unterschiedlich gestalteten Giebel und die mit Sandstein umrahmten Fenster.
Als weitere erforderliche Bauten entstehen am Platz des 23. April um 1906/07 das ebenfalls von Hugo Kinzer entworfene Abwasserpumpwerk und das am Mandrellaplatz befindliche Amtsgericht, das wegen Raummangel von seinem bisherigen Platz an der Freiheit verlegt werden mußte. Der Architekt Paul Thoemer entwarf 1899/1901 den Komplex des Amtsgerichts mit Hauptgebäude und auf dem Hof befindlichen Zellentrakt (heute: Gedenkstätte der Köpenicker Blutwoche). Die Hauptfassade des Amtsgerichts ist zum Mandrellaplatz ausgerichtet und wird von einem mächtigen Renaissancegiebel betont und von Türmen eingerahmt. Nach Sturmschäden wurde der Giebel und einer der beiden Türme vereinfacht wiederhergestellt. Der letzte öffentliche Versorgungsbau vor dem 1. Weltkrieg, an der heutigen Salvador Allende Straße gelegen, entstand mit dem Krankenhaus Köpenick zwischen 1912 - 1913. Der Entwurf dafür stammt ebenfalls von Stadtbaudirektor Hugo Kinzer.[27]
Im Zuge des weiteren Bevölkerungszuwachses ließ ein Wohnungsverein von Willy Wagenknecht und Heinrich Peter Kaiser in den Jahren 1922/24 einen Wohnkomplex zwischen der Bahnhofstraße, Annenallee, Hämmerlingstraße und Kinzerallee errichten, dessen Ecken durch polygonale Erker auffallend betont werden.

Siedlung Bahnhofstraße/Hämmerlingstraße/Annenallee/Kinzerallee/Langerhansstraße/Seelenbinderstraße

Die wohl größte Erweiterung wurde schließlich nördlich der Bahn mit der Gründung der Siedlung Elsengrund vorgenommen. Über mehrere Bauphasen 1919 - 1921 und 1921 - 1928 entstanden in verschiedenen Größen zumeist zweigeschossige Einfamilienhäuser. Die reizvolle Anlage, nach dem Entwurf Otto Rudolf Salvisbergs erstellt, besticht durch ihre gelungene Konzeption. Die mit je einem Vorgarten und einem ausgedehnten rückwärtigen Nutzgarten ausgestatteten Grundstücke wurden an leicht geschwungenen Straßen und unterschiedlichen Plätzen angelegt. Die Häuser sind überwiegend schlicht gehalten und haben

Siedlung Elsengrund

einen einfachen ungestrichenen Kieselkratzputz. Lediglich das kräftig profilierte Traufgesims und die Türfaschen sind weiß hervorgehoben. Nur wenige Häuser haben über dem Türeingang ein kleines figürliches Relief. Die zu Zweier-, Vierer- und Sechser-Gruppen zusammengefassten Einfamilienhäuser besitzen überwiegend ein mit Berliner Biberschwänzen gedecktes Walmdach. Noch heute ist der Reiz dieser Anlage durch ihre harmonische Geschlossenheit gegeben und trägt wesentlich zu einem angenehmen Wohnerlebnis bei. Unmittelbar an die Siedlung Elsengrund schließen sich, die durch den Architekten Salvisberg 1929 errichteten Wohnzeilen der Mittelheide an. Die zumeist dreigeschossigen Putzbauten sind sparsam mit roten Klinkerbändern gegliedert.[28]

Zugleich entstanden in der Dammvorstadt neben großen Siedlungsbauten neue Industrieanlagen.

In der Friedrichshagener Straße 11 gründete die Vogel AG in den Jahren 1916/20 Deutschlands größtes Kabelwerk. Die mit ihren Giebeln zur Straße gewendeten roten Verblendklinkerbauten dominieren durch ihre Größe das Erscheinungsbild der Gesamtanlage. Wandvorlagen und die an den Längsseiten angeordneten Treppenhausrisalite gliedern die Fassaden. An diese Etagenbauten schließen sich zwei Fabrikhallen an, die ihre ursprüngliche Eisenkonstruktion erhalten haben. Die städtebauliche Geschlossenheit dieser Anlage ist wie bei der auf dem Grundstück Friedrichshagener Straße 9 gegründeten Anlage der Vereinigten Glanzfilm AG bemerkenswert. Diese ließ durch den Architekten Heinz Müller-Erkelenz in den Formen der Neuen Sachlichkeit die Verwaltungsgebäude längs der Straße und durch den Architekten Flakowski Stahlskelettbauten für die Produktion von Filmen auf dem rückwärtigen Grundstück errichten.

Köllnische Vorstadt
Spindlersfeld

Links:
Schönerlinder
Straße 5,
Mietshaus

Rechts:
Schönerlinder
Straße 7,
Mietshaus

Bereits um 1752 gründeten böhmische Einwanderer an der heutigen Glienicker Straße eine Kolonie mit zunächst 10 Hausstellen, die anfangs den Namen Grünerlinde und seit dem Anfang des 19. Jahrhunderts den Namen Schönerlinde trug.
Mit der um 1879 erfolgten Eingemeindung nach Köpenick setzte eine verstärkte Bautätigkeit ein.[29]
Beispielhaft hat sich das denkmalgeschützte Ensemble in der Schönerlinder Straße erhalten. Es entstand zwischen 1887 und 1896 mit drei- bis

Links:
Mentzelstraße 19,
Werkssiedlung
Spindler

Rechts:
Mentzelstraße 18,
Werks siedlung
Spindler

viergeschossigen Mietshäusern. Die in den Formen zwischen Neurenaissance und Spätklassizismus variierenden Fassaden dokumentieren beispielhaft die Bebauung einer kleinen Vorstadt. Zugleich verdeutlicht das Nebeneinander der unterschiedlichen Fassaden die einfachen Bauformen, mit denen der Mietwohnungsbau Ende des 19. Jahrhunderts in den Vorstädten ausgeführt wurde. Mit seinen größtenteils restaurierten Gebäuden gilt das Ensemble als typisches Beispiel dafür.[30]

Nördlich der Köllnischen Vorstadt legte schließlich 1873 der Wäschereiunternehmer Wilhelm Spindler eine chemische Reinigung an und gründete damit den Ortsteil Spindlersfeld.[31]
Neben den uneingeschränkten Erweiterungsmöglichkeiten war für die Wahl des 26 ha großen Standortes vor allem das für das Waschen und Färben ausreichend vorhandene Wasser der Spree entscheidend.

Mentzelstraße 22,
Giebelansicht

Auf dem ehemaligen Gelände des Köpenicker Amtes errichtete Wilhelm Spindler dann die moderne Wäscherei- und Färbereianlage für das bereits 1932 in Berlin, Burgstraße 3, gegründete Unternehmen.
Nach seinem Tod 1873 stand die Firma unter der Leitung von Carl Spindler. Unter dessen Regie wurde die Anlage bis 1882 fertiggestellt.
Nach dem Umzug der Wollfärberei aus der Wallstraße, folgten die Seiden-, Baumwoll- und Zeugfärberei, die Wäscherei und die chemische Reinigung, zuletzt die Stückfärberei.
Der Hauptkomplex wurde als Vierflügelanlage mit der zur Spree ausgerichten Hauptfront errichtet. Eindrucksvoll zeichnet sich das Hauptgebäude von der Wasserseite durch seine rote Backsteinarchitektur ab. Über dem quadratischen Grundriss stehen insgesamt drei große dreigeschossige Fabrikgebäude an deren Enden viergeschossige Bürogebäude den Eindruck eines Kastells entstehen lassen. In den beiden dadurch entstandenen Innenhofbereichen wurden eingeschossige Hallen mit Sheddachkonstruktionen an die Fabrikgebäude gestellt.
Der Grundriss der Industrieanlage war wohl überlegt konzipiert und eröffnete die Möglichkeit, abschnittsweise die Baumaßnahmen durchzuführen und die Anlage gebäudeweise zu ergänzen.[32]
Die Fabrikanlage wurde zu einer der modernsten Wäschereianlagen ihrer Zeit. Neben den für die einzelnen Produktionszweige notwendigen Gebäuden (Wirtschaftsgebäude, Tischlerei und Klärbecken) entstanden eine eigene Gasanstalt, sowie ein eigens errichteter Bahnanschluss.

Links:
Mentzelstraße 22,
Werkssiedlung Spindler

Rechts:
Fassadendetail mit Jahresverweis

Mentzelstraße 23, Werkssiedlung Spindler
Sanierter Altbau mit Ergänzung der zweiten Gebäudehälfte

Die Familie Spindler zeichnete sich bereits früh durch den Bau sozialer Einrichtungen für die im Betrieb beschäftigten Arbeiter aus. So wurden ein Bootshaus, eine Warmbadeanstalt und ein Erholungsheim errichtet. Weitere Einrichtungen und soziale Leistungen gründete und förderte das Unternehmen wie zum Beispiel eine eigene Kranken-, Unfall-, Alters- und Witwen-Unterstützungskasse.
Zudem wurden bereits 1872/73 in der Färber- und Mentzelstraße Wohnhäuser für die im Betrieb beschäftigten Arbeiter errichtet.[33]

Das Erscheinungsbild der sehr schlicht wirkenden Bauten wird durch das Wechselspiel gelber und roter Ziegel wesentlich geprägt. Sie weisen den typischen Stube-Kammer-Küchengrundriss auf. Die Häuser waren die ersten Werkswohnungen, die von einem Berliner Industrieunternehmen in Auftrag gegeben wurden. Die Einfachheit der typisierten Gebäude lässt darauf schließen, dass die Häuser Musterbauten waren. Zur Ausführung kamen in der Mentzelstraße die Gebäudegruppen 12/14, 18/20, 19/21, 22, 23 und in der Färberstraße ein Doppelhaus 17/19.
In den Jahren nach 1991 wurden die Häuser denkmalgerecht saniert. Eine Haushälfte wurde in der Mentzelstraße 23/25 ergänzt. Hier wurde bei dem Neubau für die im Jahr 1945 zerstörte Gebäudehälfte auf eine teure Rekonstruktion verzichtet und eine neutrale Lösung gefunden, die sich nahtlos in das Erscheinungsbild einfügt.
Von der Gesamtanlage sind durch Abbrüche zwar die Villa der Unternehmer, das Bootshaus, das Gewächshaus und einige andere Gebäude verloren, jedoch sind die Fabrikanlage sowie die ehemaligen Arbeiterwohnhäuser in weiten Teilen erhalten geblieben und bezeugen die Entwicklung eines um die Mitte des 19. Jahrhunderts wachsenden und prosperierenden Unternehmens, das über die Grenzen von Berlin bekannt war.

Schließlich erfolgte auf Grund der stetig wachsenden Bevölkerungszahl der Bau einer Schule an der Oberspreestraße. Max Taut wurde von der Stadt als Architekt gewonnen. Sein Entwurf entstand in den Jahren 1928/29 und sah einen Winkelbau entlang der Oberspreestraße und Mentzelstraße vor. Insgesamt ist der fünfgeschossige Gebäudekomplex mit seiner auf

Oberspreestraße 173/179, ehemaliges Dorotheen-Lyzeum, heute Alexander-von-Humboldt-Schule

Links:
Foyer

Rechts:
Originale
Keramikfliesen

dem Hof befindlichen Turnhalle mit einem Flachdach versehen. Besonders eindrucksvoll wirken die großflächigen Fenster in der Fassade. Die Einfachheit der Fassade im Stil der Neuen Sachlichkeit zieht sich in der Innengestaltung fort. Hier fällt neben den lichtdurchfluteten Innenräumen vor allem das Farbkonzept auf.
Die heute verputzte Fassade besaß ursprünglich eine unglasierte Keramikverblendung, die allerdings 1973 abgenommen werden musste.

Friedrichshagen · Hirschgarten

Bölschestraße 124, ehemaliges Kolonistenhaus, Wohnhaus

Die ehemalige Landgemeinde Friedrichshagen wurde im Zuge der Bildung von Groß Berlin erst 1920 Bestandteil Köpenicks und somit in die Stadt Berlin eingemeindet. Die mit dem "Gesetz über die Bildung einer Stadtgemeinde Berlin" vom 27. April 1920 politisch entschiedene Zugehörigkeit Friedrichshagens als ein Ortsteil Köpenicks markierte und vollzog im Grunde einen Verstädterungsprozess, der in Friedrichshagen bereits Mitte des 19. Jahrhunderts einsetzte und schließlich mit diesem Gesetz seinen Abschluss fand. Einerseits wandelten sich die Arbeits- und Lebensumstände der Bewohner durch die bereits im frühen 19. Jahrhundert aufgegebene Wollverarbeitung, andererseits kamen viele Ausflügler aus der nahegelegenen Großstadt in den kleinen Ort.

Das in der reizvollen Umgebung des Müggelsees im Jahr 1753 für 100 Kolonistenfamilien auf Veranlassung Friedrichs des Großen gegründete Straßendorf Friedrichshagen erfuhr vor allem durch die Errichtung eines Bahnhaltepunktes im Jahr 1849 einen entscheidenden Entwicklungsschub.[34] Die Bahnverbindung und die reizvolle Lage am Müggelsee ließen Friedrichshagen zum Ausflugs- und Erholungsort der Städter werden. In zweifacher Weise war für die Entwicklung des Ortes die Einrichtung eines Haltepunktes der Berlin-Frankfurter Bahnlinie entscheidend.
Zum einen konnte mit der Bahn die Großstadt leicht erreicht werden, zum anderen vermochte die nur zwanzig Minuten währende Bahnfahrt viele Städter aus der mit rußigen Wolken verhangenen Großstadt in den mit reiner Luft verwöhnten Ort zu locken, der mit seinen schönen urwüchsigen Kiefernwäldern, mit seinem herrlichen Ufer und dem klaren Wasser des Müggelsees zusätzlich reizvolle Ausflugsziele für die Städter bot.[35]

Bedingt durch den regen Besucherstrom entstanden zunehmend neue Gaststätten und Pensionen, die die ehemaligen einfachen Kolonistenhäuser ersetzten.

Aus der Gründungsphase Friedrichshagens 1753 sind lediglich die Baufluchten, die Platzanlage sowie die Parzellierung der Bölschestraße (ehemals Friedrichstraße) erhalten geblieben, da bereits Mitte des 19. Jahrhunderts die überwiegende Zahl der Kolonistenhäuser verändert und mit einer spätklassizistischen Fassade versehen wurden. Die Grundform der ehemaligen Kolonistenhäuser wurde zumeist beibehalten.
Von diesen Häusern lässt sich noch eine Anzahl in der Bölschestraße wiederfinden. Auch wenn der Ladeneinbau bei dem Haus Bölschestraße 124 eine Veränderung des Fassadenbildes verursachte, so ist die Grundform des eingeschossigen schlichten Hauses mit Satteldach noch gut erkennbar.
In der zweiten Bauphase, zu Beginn der zweiten Hälfte des 19. Jahrhunderts, entstanden anstelle der ehemaligen Kolonistenhäuser neue Wohnhäuser. Diese waren zweigeschossig und wiesen eine spätklassizistische Fassade auf.
Schließlich setzte sich in der dritten Bauphase, Ende des 19. Jahrhunderts, die Entwicklung mit dem Ausbau der ehemaligen Dorfstraße zur Hauptstraße fort. Die eingeschossige Bauweise wurde weiter verdrängt. Die entstandenen Baulücken wurden durch drei- und viergeschossige Wohn- und Geschäftshäuser mit historisierenden bzw. Jugendstil-Fassaden ersetzt.

Als repräsentativ für den in Friedrichshagen einsetzenden Verstädterungsprozess kann das Haus Bölschestraße 25 angesehen werden. Das 1891 als Wohn- und Geschäftshaus von H. Carlitschek erbaute Haus fällt durch seine Fassade auf, die in einer Mischform von Neurenaissance und Neubarock ausgeführt wurde. Die Durchfahrt wird von einer

Bölschestraße 25, Wohn- und Geschäftshaus

Bölschestraße 25, Wandbild in der Durchfahrt, Landschaftsszene

neubarocken Deckenfassung aus der Erbauungszeit geschmückt. Im Treppenhaus konnte eine Jugendstilmalerei, vermutlich um 1910 aufgetragen, erhalten und restauriert werden.[36] Der gute Erhaltungszustand der Malereien hebt das Haus aus der Denkmalsubstanz zusätzlich heraus. Der Charme des am Müggelsee gelegenen Ortes trug dazu bei, dass aus der einstigen friderizianischen Kolonistensiedlung ein attraktiver Villenvorort entstand.

Die Verstädterung Friedrichshagens wird deutlich sichtbar durch die Erweiterung des Gebietes beidseitig der Bölschestraße und schließlich 1897 - 1899 durch den Bau des neuen Rathauses, der nach den Entwürfen Jürgen Krögers in den Formen der Spätgotik und Renaissance ausgeführt wurde und auffällig aus dem Erscheinungsbild der Bölschestraße hervortritt. Die asymmetrisch aufgeteilte Fassade wird durch abwechslungsreiche Formen und Elemente, ein spitzbogiges Eingangsportal, den darüber hervorkragenden Balkonerker, mehrteilige Fenster, eine Uhr und schließlich einen abschließenden Treppengiebel gegliedert. Die Vielfalt der Formen in der Fassade setzt sich im Inneren durch aufwendige Stuckarbeiten und Malereien fort.

Bölschestraße 25, neubarocke Deckenfassung von 1891 in der Durchfahrt

Bölschestraße 25, Wandgestaltung um 1910

Bölschestraße 25, Treppenhausgestaltung

Bölschestraße 87,
ehemaliges Rathaus
Friedrichshagen

Scharnweber-
straße 107,
Wohnhaus

Bei der Sanierung
wurde auf den Erhalt
der ehemaligen
Werbeschrift geachtet.

Scharnweberstraße 14,
Wohnhaus
Zustand vor und nach
der Sanierung

Noch im Jahr 1999, zum 100. Jubiläum, werden die Restaurierungsmaßnahmen abgeschlossen sein. Eines der prächtigsten Gebäude in Friedrichshagen wird dann in altem Glanz erstrahlen.

Im Zuge des Verstädterungsprozesses erwarben finanzkräftige Berliner parallel zur Hauptstraße Grundstücke und erbauten stattliche Villen und Landhäuser. Trotz dieser am Ende des 19. Jahrhunderts deutlich im Stadtbild zu verzeichnenden Erweiterung, blieb der Charme des in der märkischen Landschaft eingebundenen Ortes erhalten.

Zunächst entstand parallel zur Bölschestraße etwa um 1855 die Scharnweberstraße. In dieser war anfänglich der ein- bis zweigeschossige Wohnhaustyp in verschiedenen Ausprägungen vorherrschend. Ein typisches Haus aus den Anfängen dieser Entwicklungsphase repräsentiert das um 1882 erbaute Haus Scharnweberstraße 14, das sich vor der Sanierung in einem ruinösen Zustand befand. Mit Hilfe des Programms „Städtebaulicher Denkmalschutz" konnte es wieder saniert werden.

Mit der stetig wachsenden Bevölkerungszahl wurden neben dem Rathaus weitere öffentliche Bauten notwendig. Den Anfang machten die Gemeindeschule in der Scharnweberstraße aus dem Jahr 1895 und die Mädchenschule um 1900 in der heutigen Peter-Hille-Straße. Schließlich setzte sich diese Entwicklung mit dem Neubau der Christophoruskirche (1901 - 1903) fort und erfuhr durch die Errichtung des Realgymnasiums in der Aßmannstraße 11 einen Höhepunkt. Auch wenn der Gebäudekomplex mit Verwaltungsgebäude, Schule und Rektorenwohnhaus

Scharnweberstraße 14,
Detail der Fassade,
Fensterrahmung

Scharnweber-
straße 62/63,
Wohnhaus

Links:
Klassizistische
Fassade mit Statue

Bölschestraße,
Christophoruskirche

Aßmannstraße 11,
ehemaliges
Realgymnasium

Aßmannstraße 11, Aula

sehr groß erscheint, wird ihm durch wechselnde Höhensprünge an den Gebäudekanten die Monumentalität genommen. Mit sehr großem Können verstanden es die Architekten, gestalterische Elemente sparsam, aber dennoch wirkungsvoll zu verwenden und wählten dafür die für ihre Zeit typische Architektursprache, die sich in der Verwendung von Jugendstilformen äußerte. Den Eingang schmücken überlebensgroße allegorische Figuren. Im Innern wurde ein abgestimmtes Dekorationsprogramm eingebracht.[37] Den Architekten gelang es, die Schule vor allem gestalterisch in das Umfeld einzufügen. Mit Jürgensen und Bachmann konnte die Gemeinde ein renommiertes Architekturbüro für die Errichtung der Schule gewinnen, das bereits mehrere Kirchen entworfen hatte. Zu den wohl bekanntesten Bauten der Architekten zählt das Schöneberger Rathaus.

Aßmannstraße 11, Portalfiguren

Müggelseedamm 301/308, Pumpen im Schöpfmaschinenhaus, Wasserwerk Friedrichshagen

Prägend für die weitere Entfaltung des Ortes war die Errichtung des seit 1888 im Bau befindlichen Wasserwerkes am Müggelseedamm 301-307. Denn als Ende des 19. Jahrhunderts deutlich wurde, dass die bisherigen Wasserwerke in Tegel und vor dem Stralauer Tor nicht mehr ausreichten, um die Bevölkerung der Stadt Berlin mit Wasser zu versorgen, entschloss sich die Stadt, am Nordufer des Müggelsees ein Wasserwerk zu errichten, das die Wasserversorgung über ein Zwischenpumpwerk gewährleisten sollte. Nach den Entwürfen Henry Gills wurden die Bauarbeiten 1888 unter der Leitung des Stadtbaumeisters Richard Schultze begonnen. Bereits 1893 konnte der erste Bauabschnitt übergeben werden. Zu diesem Abschnitt gehörten die Errichtung der am Ufer stehenden Schöpfmaschinenhäuser A und B, der Wohnhäuser der Seeseite sowie der Filteranlagen, Fördermaschinenhäuser A und B nördlich des Müggelseedamms und der Wohn- und Nebengebäude. Schließlich erfolgte mit der Errichtung des Schöpfmaschinen- und Fördermaschinenhauses C von 1904 bis 1906 eine Erweiterung und mit dem Austausch der Dampfmaschinen gegen Elektromotoren eine Erneuerung der Maschinen.[38]
Die einzelnen Bauten der Gesamtanlage, die sich auf einem Gebiet von über 32 ha erstrecken, sind sämtlich in den Formen der Backsteingotik gehalten. Die künstlerische und architektonische Qualität drückt sich vor allem durch die geschickte Gestaltung der Gebäude im Hinblick auf ihren Zweck aus.
Die gestalterische Geschlossenheit der Anlage erzielt eine harmonische Einbindung der Architektur in die idyllische See- und Waldlandschaft. Besonders eindrucksvoll ist die Anlage entlang des Müggelseedamms zu erleben, obgleich die eigentliche Schauseite des Werkes die zur Seeseite gerichteten Fassaden bilden. Sie sind durch aufwendig gestaltete Treppen- und großzügige Fensteranlagen besonders hervorgehoben und belegen die außerordentliche gestalterische Leistung, die den Architekten mit dem Bau dieser Industrieanlage gelang.

Müggelseedamm
301/308,
Schöpfmaschinen-
häuser,
Wasserwerk
Friedrichshagen

Müggelseedamm 301/308, Wasserwerk Friedrichshagen, Teil des heutigen Museums

Müggelseedamm 301/308,

Links:
Maschinenetage im Schöpfmaschinenhaus

Rechts:
Leuchter an der Fassade eines Schöpfmaschinenhauses

In einem Teil der Anlage ist das Museum für Wasserwirtschaft eingerichtet worden, das sowohl die Entstehungsgeschichte dieses einmaligen Werkes darstellt, als auch die Wassergewinnung und -aufbereitung dokumentiert.[39] Die in den 70er Jahren erfolgten Neubauten des Wasserwerkes nahmen auf die erhaltene Bausubstanz Rücksicht und wurden abseits des historischen Ensembles errichtet. Somit ist eine der wohl eindrucksvollsten Anlagen der Wassergewinnung in ihrer Gesamtheit erhalten geblieben.

Rechts:
Bölschestraße 116,
Wohn- und
Geschäftshaus

Links unten:
Bölschestraße 116,
moderne Dachober-
lichter

Oben: Bölschestraße 117, Wohn- und Geschäftshaus Unten: Konsolgesims

Bölschestraße 50, Wohn- und Geschäftshaus

Links:
Bölschestraße 52,
ornamentale Schablonenmalerei in der Durchfahrt und im Treppenhaus

Rechts: Bölschestraße 52/53, Wohn- und Geschäftshaus

Bölschestraße 52, Treppenunterseiten mit ornamentalen Gestaltungen und idyllischen Landschaftsszenen

Josef-Nawrocki-Straße 20, Wohnhaus, Sanierung in 2000 geplant (kein Baudenkmal)

Links:
Bölschestraße 105,
Wohn- und
Geschäftshaus

Rechts:
Bölschestraße 105, ehemaliger Tanzsaal,
ausgezeichnet mit dem Bundespreis für
Handwerk in der Denkmalpflege

Bölschestraße 66,
Wohn- und
Geschäftshaus

Links unten:
Bölschestraße 66,
Hofeingang mit
Zunftzeichen

Bölschestraße 66,
Turm und Fassaden-
detail mit Statue

Links:
Bölschestraße 18,
Wohnhaus

Rechts:
Dreiserstraße 35,
Wohnhaus

Bölschestraße 89, Wohnhaus

Josef-Nawrocki-
Straße 32,
Wohnhaus

Hofcafé in der
Bölschestraße 12a

Bölschestraße 68, Restaurant "Friedrichskeller", ehemaliger Eiskeller

Fürstenwalder
Damm 475,
Wohnhaus

Rechts:
Deckenmalerei in
der Durchfahrt

Weg zur Quelle 9,
Villa

Die Abfolge und zugleich die Vielfalt der erhaltenen Bausubstanz in Friedrichshagen erzählen von der Geschichte eines seit 1753 stetig gewachsenen Ortes, der mit der Zeit zu einem bevorzugten Wohnort Köpenicks und zu einem beliebten Ausflugsziel geworden ist.
Die landschaftliche Schönheit und die im großen Umfang erhaltenen historischen Bauten kennzeichnen Friedrichshagen, auch wenn in den 60er Jahren empfindliche städtebauliche Einschnitte, sowohl im Bereich des Marktplatzes der Bölschestraße, als auch in ihrer näheren Umgebung vorgenommen wurden.
Der in Friedrichshagen Ende des 19. Jahrhunderts in Gang gekommene Bauboom wiederholt sich nun in vergleichbaren Formen. Die reizvolle Lage in der Nähe des Müggelsees, die von Kiefernwäldern umgebene Landschaft, die gute Anbindung an das Zentrum der Hauptstadt und die zahlreichen historischen Gebäude sind ein Ansporn, die architektonische Vielfalt zu erhalten.
In der unmittelbaren Nähe zum Ortsteil Friedrichshagen gründete der Bankier Friedrich Wilhelm Hirte, zwischen Fürstenwalder Damm, Neuenhagener Fließ und Spree, 1870 die Villenkolonie Hirschgarten. Auf der Grundlage eines wohl von Eduard Titz entworfenen Bebauungsplanes wurden eine sternenförmige Anlage mit zentralem Rundplatz konzipiert und einzelne Parzellen angelegt. Es entstanden zahlreiche Landhäuser, die zugleich den gewachsenen Wohnansprüchen dieser Zeit entsprachen. Villenbauten sind hingegen in der Kolonie selten. Die neubarocke Villa Weg zur Quelle 13 bildet an der Einmündung des Müggelseedammes in den Fürstenwalder Damm eine Ausnahme. Sie erhält mit ihrem zwiebelbekrönten Turm eine weit sichtbare Dominanz.[40]

Weg zur Quelle 9,
Turmansicht

Müggelseedamm 131,
Gießerei
Oskar Gladenbeck

Köpenicker Ortsteile

Rahnsdorf · Wilhelmshagen · Hessenwinkel
Müggelheim
Grünau · Karolinenhof · Schmöckwitz

Dorfstraße,
ehemalige Schule
und Kirche

Der historische Dorfkern von Rahnsdorf ist auf einer Talsandinsel innerhalb einer Niederung gegründet worden, die an die Mündung der Müggelspree in die Spree angrenzt. Die erste urkundliche Erwähnung des Dorfes erfolgte im Jahre 1375 im Landbuch Kaiser Karls IV.[41] Das Dorf gehörte zunächst zur Burg und später zum Amt Köpenick. Wenige Jahre nachdem Rahnsdorf unter gutsherrliche Verwaltung gestellt worden war, wurde auf dem Anger des Sackgassendorfes um 1728 eine Fachwerkkirche errichtet. In den Jahren 1860 und 1872 zerstörten zwei Feuer nicht nur die Kirche, sondern auch das Dorf fast vollständig. Unter Beibehaltung der ehemaligen Fundamente wurden die Häuser in den alten Formen - eingeschossig, traufenständig, mit hohem Kniestock und Satteldach - unmittelbar nach den Bränden wieder aufgebaut.

Der Wiederaufbau der Kirche erfolgte jedoch erst 13 Jahre später, da sich die Finanzierung eines Neubaus schwierig gestaltete. Nach mehreren Entwürfen und deren Kostenprüfung durch die preußische Verwaltung kam schließlich der Entwurf Friedrich Adlers und Kappens zur Ausführung. Die Kirche nimmt die zentrale Lage auf dem höchsten Punkt des Angers ein und bildet den städtebaulichen Mittelpunkt des Dorfes. Sie wurde als einschiffiger gelber Backsteinbau mit polygonaler Apsis sowie quadratischem Turm in romanisierenden und gotischen Formen wieder aufgebaut.[42]

Im Gegensatz zur Kirche erfolgte unmittelbar nach dem Brand von 1872 die Errichtung der Dorfschule, die, wie die Kirche, auf dem Dorfanger einen zentralen Platz einnahm. Das sich an einfachen ländlichen Bauten orientierende Schulhaus zeigt eine schlichte Fassade.[43] Das Gebäude, das über ein Jahrzehnt nicht genutzt worden war, ist nach denkmalpflegerischen Gesichtspunkten wieder vorbildlich instandgesetzt worden.

Rahnsdorf hat mit der Kirche, der ehemaligen Schule, mit einem kleinen Dorfplatz und seiner baulichen Geschlossenheit, wie kaum ein anderes Dorf, seinen Charakter bewahren können.

Das Denkmalensemble, bestehend aus Wohnhäusern, Nebengebäuden, ehemaliger Schule und Dorfkirche, ist in der Grundstruktur erhalten geblieben und einzigartig im Land Berlin.

Der zunehmende Bedarf an neuem Wohnraum führte schließlich dazu, dass rund um das Dorf Rahnsdorf Kolonien gegründet wurden.

Links:
Dorfkirche

Rechts:
Kirchturmspitze mit Fischemblem

Dorfstraße,
ehemalige Dorfschule

Die deutsche Volksbau-Aktiengesellschaft erwarb 1891 einen Teil des Gutsbezirks Rahnsdorf und gründete die Kolonie Neu-Rahnsdorf, die sich ab 1902 Wilhelmshagen nannte.[44] Diese Kolonie wurde auf der Basis eines Bebauungsplans, wohl nach dem Entwurf H. Brauns, entwickelt. Dabei erhielt die heutige Schönblickerstraße die Funktion einer Haupterschließungsstraße, die von einem Rundplatz unterbrochen wird. Auf diesem Platz errichtete das Architekturbüro Jürgensen und Bachmann die weit sichtbare Taborkirche. In Wilhelmshagen finden sich vielfach einfache Typenhäuser, die schließlich von der Terraingesellschaft an Eigentümer verkauft wurden.

Des weiteren gründete sich im Jahr 1871, am nordwestlichen Ufer des Dämmeritzsees, die Kolonie Hessenwinkel. Zahlreiche Villen entstanden nach der 1891 intensiv betriebenen Parzellierung des Geländes. Sie prägen heute den Ortsteil. Wiederum übernahm das Architektenbüro Jürgensen und Bachmann den Auftrag, eine kleine Kapelle für den Ort zu entwerfen. Mit der Waldkapelle gelang den Architekten ein kleines Meisterwerk. Die am Rande der Villenkolonie in roten Klinkern und markanten schwarzen Dachziegeln errichtete Kapelle ragt durch ihre sachliche Architektur, sowie durch ihre wohlgeformten Proportionen aus der von Wald umgebenen Landschaft heraus. Die mangelnden finanziellen Mittel zur Unterhaltung und die zeitweise fehlende Nutzung hatten schwere Schäden für die Bausubstanz zur Folge. Mit Hilfe einer Bürgerinitiative, die 1993 ein Hilfsprogramm zur Sanierung erstellte, konnte die Kapelle vor dem Verfall gerettet werden.

Waldstraße, Waldkapelle "Zum anklopfenden Christus"

Kanalstraße 30,
Backsteinfassade im
Burgenstil

Das für 20 Pfälzer Familien 1747 gegründete Kolonistendorf Müggelheim ist in seiner städtebaulichen Form eine seltene Anlage. Entlang der Dorfstraße entstand auf trapezförmigem Grundriss mit je zehn gleichartig gestalteten Höfen die Dorfanlage. Je fünf Gehöfte sind entlang der vier Seiten des Trapezes angeordnet. Die Gehöfte setzten sich aus je einem Wohnhaus, einem Seitengebäude und einem Stall zusammen, wobei sich die Gehöftgruppen spiegelbildlich zueinander darstellten.
Dieser, der Siedlung zugrunde liegende barocke städtebauliche Entwurf, ist weitgehend erhalten geblieben.[45]
Auf dem Anger sind die Dorfkirche sowie die ehemalige Dorfschule gelegen. Die sehr schlicht in klassizistischem Stil errichtete Kirche wurde bereits 1804 als Zentralbau mit Walmdach auf quadratischem Grundriss erbaut. Der Zentralbau erfuhr durch einen im Jahr 1912 aufgesetzten kleinen Dachreiter als Glockenturm eine zusätzliche Betonung. Wie im Dorf Rahnsdorf bildeten die Kirche und die Schule einen religiösen und kulturellen Mittelpunkt. An der Stelle des bereits 1775 errichteten ersten Schulhauses wurde 1890 eine neue Schule auf Kosten des Staates errichtet. Die innere Erschließung entsprach einem typischen Schulhaus dieser Zeit. Über einen zentralen Mittelflur wurden eine kleine Lehrerwohnung und ein großer Schulsaal erschlossen.
Mit der um 1932 erfolgten Erweiterung erhielt dieses Gebäude einen dominierenden Anbau.[46]
Den Dorfanger umgeben überwiegend eingeschossige traufständige Wohnhäuser mit Satteldach. Die ursprünglich als Fachwerkhäuser konstruierten Wohnhäuser fielen überwiegend den Feuersbrünsten in den Jahren 1860, 1866 und 1890 zum Opfer. Sie wurden durch massive Bauten unter Beibehaltung der Grundrisse wieder aufgebaut.[47]

Alt-Müggelheim 21, ehemalige Schule

Alt Müggelheim 22,
Dorfkirche

Wie Friedrichshagen und Müggelheim verdankt Grünau seine Entstehung einwandernden Kolonisten. Am westlichen Ufer der Dahme gründeten pfälzische Familien 1749 eine kleine Niederlassung. Erst im 19. Jahrhundert erfuhr der Ort durch den zunehmenden Ausflugsverkehr einen Aufschwung. Entscheidend für seine Entwicklung wurden die bereits am Ende des 19. Jahrhunderts ausgetragenen Ruderwettkämpfe.
Neben prächtig ausgestatteten Restaurants und Gesellschaftshäusern entstanden entlang der Regattastraße zahlreiche Bootshäuser. Im Jahr 1902 errichteten die Architekten Spalding und Loebell ein im Heimatstil gestaltetes Bootshaus (Regattastraße 237/239) .
Im Zeitraum um 1905 entstand neben diesem malerischen Bootshaus ein weiteres, das mit seinem steilen Krüppelwalmdach und dem runden Treppenturm einen ebenso typischen Repräsentanten der Bootshausarchitektur darstellt.[48]
Etwa um die gleiche Zeit um 1904 - 1906 wurde nach den Entwürfen von Ludwig v. Tiedemann und Richard Walther in der Eibseestraße in Anlehnung an spätromanische Klinkerverblendbauten die Friedenskirche erbaut. Diese Kirche zeichnet sich durch ihre vierteilige Gliederung aus und wird durch die wechselnde Verwendung von Sandstein und rotem Klinker geprägt.
Wie in vielen anderen Ortsteilen Köpenicks bestand der Bedarf, weitere Wohngebiete zu erschließen. Am Langen See, nordwestlich von Schmöckwitz, erwarb 1894 der Bankier Albert Schappach ein Gelände, das er in den folgenden Jahren durch die "Terraingesellschaft Carolinenhof" parzellieren ließ.[49] Hier entstanden vor allem nach dem ersten Weltkrieg zahlreiche Villen.
Das als Rundlingdorf bereits im 13. Jahrhundert auf einer Halbinsel angelegte Fischerdorf Schmöckwitz wurde 1866 durch ein Feuer gänzlich zerstört.

Regattastraße 237/239, Bootshaus

Regattastraße
237/239,
Bootshaus

Regattastraße 245, Bootshaus

Nach dem Brand wurden die Häuser entsprechend der ehemaligen Anlage massiv wieder aufgebaut, wobei für einige Häuser der Typus des eingeschossigen, vier- bzw. fünfachsigen Fischerhauses mit Satteldach wieder übernommen wurde. Im Zuge des sich auf diesen Ort ausdehnenden Ausflugsverkehrs wurden vereinzelt ehemalige Fischerhäuser durch typische zweigeschossige Wohnbauten mit spätklassizistischen Fassaden ersetzt. Die Grundstückszuschnitte blieben dabei unverändert und gruppierten sich um einen weiten Dorfplatz, auf

Kochelseestraße, Friedenskirche

Alt-Schmöckwitz,
Dorfkirche

dem die ehemalige Dorfscheune sowie das Hirtenhaus standen. Östlich der Platzanlage erhebt sich auf einer Düne die bereits 1799 von Maurermeister Abraham Bocksfeld massiv errichtete Dorfkirche, die zwar in Teilen 1910/11 umgebaut wurde, dabei aber weitgehend in ihrer Gestaltung erhalten geblieben ist.
Die Dorfanlage um die Kirche überliefert trotz der Veränderungen Ende des 19. Jahrhunderts immer noch den mittelalterlichen Grundriss und bildet somit ein Denkmalensemble.[50]

Oberschöneweide

Wilhelminenhofstraße 76/77, Gebäude A 2

Am Ufer der Spree entstand anstelle des sogenannten Quappenkruges, des ältesten nachweisbaren Gehöftes in Oberschöneweide, ein kleines Vorwerk, das ab 1814 den Namen Wilhelminenhof trug.[51] Gegen Ende des 19. Jahrhunderts setzte beiderseits des inzwischen aufgelösten Wilhelminenhofes eine intensive Industrieansiedlung infolge der niedrigen Bodenpreise, der günstigen Anbindung an die Spree und der Nähe zu den Ausfallstraßen der Stadt Berlin ein. Als Folge der Industrieansiedlung erhöhte sich die Einwohnerzahl von Oberschöneweide von ca. 625 im Jahre 1895 auf über 25.600 Einwohner im Jahr 1919.

Imposante Industriehallen, Türme und Schornsteine zeugen in Oberschöneweide von der rasanten Entwicklung der Industrie.

Die AEG errichtete hier von 1896 an bis in die Zeit der Weimarer Republik hinein eine der größten und beeindruckendsten Industriekomplexe Berlins. Die hohe architektonische Qualität der über mehrere Jahrzehnte hinweg entstandenen Hallentrakte, Verwaltungs- und Versorgungsbauten ist für die Denkmallandschaft der gesamten Stadt von herausragender Bedeutung. Zu den ausführenden Architekten zählten Peter Behrens, Paul Tropp und Ernst Ziesel. Die überwiegend gelben Ziegelbauten, die sich als Industrieband auf eine Länge von über 2 km an der Spree erstrecken, prägen das Erscheinungsbild der südlichen Wilhelminenhofstraße.

Neben der Firma AEG ließen sich auch andere Unternehmen, eine Lampenfabrik, die Norddeutschen Eisenwerke und die Gasanstalt Oberspree nieder und errichteten in Anlehnung an die vorgegebene Architektur der AEG weitere beeindruckende Industriebauten.[52]

Oberschöneweide, die Wilhelminenhofstraße trennt die Industrieanlagen und die Wohnkomplexe

Wilhelminenhofstraße
76/77,
sanierte Hallenfassade

Wilhelminenhofstraße
76/77, Gebäude A 4

Wilhelminenhofstraße
76/77,
Hallenblock 10

Wilhelminenhofstraße 76/77

Links oben:
Fassadendetail - Symbol der Elektrifizierung, Hallenblock 10

Ostendstraße 1-6,
ehemaliges Werk
der Nationalen Automobilgesellschaft

Ostendstraße 1-6,
Eingangshalle

Links:
Oberlicht der
Eingangshalle

Während des ersten Weltkrieges ließ die AEG durch Peter Behrens ein neues Automobilwerk an der Ostendstraße bauen, das mit seinem Turm einen städtebaulichen Akzent setzte. Mit diesem Komplex entwarf der Architekt eines seiner Hauptwerke.
Die Industrieanlagen zwischen Spree und Wilhelminenhofstraße bezeugen wichtige Etappen der Industriearchitektur in bemerkenswerter Qualität.

Goethestraße 7-17,
Parsevalstraße 6-14,
Wohnanlage

Das Spektrum der Architektur reicht von den historischen Formen um 1895 bis hin zu den sachlichen und funktionsbetonten Bauten der ausgehenden zwanziger Jahre.

Nördlich der Wilhelminenhofstraße entstanden zeitgleich mit den ersten Industriebauten Mietshäuser für die rapide wachsende Bevölkerung. In der Griechischen Allee wurde schließlich eine angerähnliche Anlage als städtischer Platz angelegt, um den sich zahlreiche öffentliche Gebäude reihten. Zugleich erhielten die um diesen Platz errichteten Mietshäuser aufwendige Fassaden. Im Umfeld der Griechischen Allee entstanden ab 1919 typische Wohnanlagen. Als Vertreter dieser Entwicklung kann die geschlossene Blockrandbebauung der Goethe- und Parsevalstraße betrachtet werden. Die Putzfassaden wurden durch horizontal durchlaufende Farbbänder und aus der Fassade hervortretende Balkone oder Doppelloggien wirkungsvoll gestaltet.

Links: Griechische Allee 14, Schmuckfries

Rechts: Griechische Allee 14, Hausansicht Wohn- und Geschäftshaus

Zeppelinstraße 73-87,
Wohnsiedlung
Sanierung in Planung

Zu einem gleichfalls exemplarischen Wohnungsbau der zwanziger Jahre zählt der von Jean Krämer und Ernst Ziesel errichtete Komplex in der Zeppelinstraße 73-87, der städtebaulich auf die gegenüberliegende Schule Bezug nimmt. Sparsam und doch sehr reizvoll werden die dreigeschossigen Reihenhäuser gegliedert. Die von Ernst Ziesel errichteten Bauten waren sehr fortschrittlich geplant worden. Sie zählten zu den ersten, für deren Wohnungen eine elektrische Versorgung vorgesehen wurde.[53]

Zeppelinstraße 73-87,
Wohnsiedlung

Edisonstraße 63, ehemalige Lampenfabrik

Edisonstraße 63,
ehemalige Lampen-
fabrik

Oberschöneweide ist einerseits durch das Industrieensemble an der Spree, andererseits durch den Wohnungsbau für die zwanziger und dreißiger Jahre beispielhaft.

Die Entwicklung der Industrie und die gleichzeitige Entstehung von Wohngebäuden im Ergebnis der zweiten Randwanderung der Berliner Industrie wird nur in Oberschöneweide so deutlich und an den Bauten gut ablesbar. Die wichtigsten Bauetappen dieser Entwicklung sind unverändert erhalten geblieben und als Ensemble geschichtlich und städtebaulich von besonderem Wert.[54]

Edisonstraße 63,
Innenhof

Dem Denkmalschutz verpflichtet.

KÖWOGE

GUT WOHNEN IN KÖPENICK

KÖWOGE

Erhaltenswertes bewahren - Neues hinzufügen

Es ist nicht alles Gold was glänzt...

und schon gar nicht was bis 1989 in der DDR aufgebaut bzw. restauriert wurde. Die Mangelwirtschaft setzte andere Prioritäten. Ein groß angelegtes Wohnungsbauprogramm ließ den Denkmalschutz verkümmern. Wertvolle historische Bauwerke fielen diesem Programm durch Abriss zum Opfer. Obendrein blieb durch das Bautempo, minderwertige Baumaterialien und Versorgungsengpässe die Qualität auf der Strecke.
Die Köpenicker Wohnungsgesellschaft trat damit ein schweres Erbe an.

Neue Besen fegen gut...

Die Erwartungshaltung bei den Mietern und den Bürgern Köpenicks war daher hoch. Fast zehn Jahre „fegt" die KÖWOGE - seit 1995 Tochterunternehmen der DEGEWO - nun bereits ihren Wohnungsbestand in Köpenick mit seiner Mischung aus Kolonistenhäusern, Gebäuden der friderizianischen Epoche, imposanten Gründerzeitbauten aber auch Miethäusern mit Hinterhof und industriell gefertigten Plattenbausiedlungen. Etwa 200 historische Gebäude gehören zum Hausbestand des Unternehmens, das mit ca. 17.400 Wohnungen und 3.000 Gewerbeeinheiten und Pachten größter Vermieter im Bezirk ist.

Nur der frühe Vogel findet einen Wurm...

Es blieb keine Zeit, lange zu überlegen, was zu tun ist. Bereits 1991 begannen die Vorbereitungen für ein Denkmalschutzprogramm, das mit Unterstützung des Bezirks und Zuschüssen des Bundes sowie des Landes Berlin schnell zu ersten Erfolgen führte. Mit der Zahl der Bauvorhaben und in enger Zusammenarbeit der Mitarbeiter der KÖWOGE mit bewährten Architekten- und Ingenieurbüros wuchs jährlich das Know-how des Unternehmens für immer kompliziertere Vorhaben.
61 denkmalgeschützte Häuser wurden inzwischen aufwendig restauriert. Dieses Buch kann verständlicherweise nur ausgewählte Beispiele darstellen. Das Engagement für Köpenicks alte Bausubstanz, das stete Ringen um maximale Anteile aus dem Fördertopf, die Überzeugungsarbeit gegenüber Mietern und die ausgezeichnete Handwerksarbeit führten in nur wenigen Jahren zu einem Qualitätszuwachs nicht erwarteten Ausmaßes.
Heute, im Zeitalter knapper werdender Mittel, spielt die Rentierlichkeit der Maßnahmen eine immer wichtigere Rolle bei der Entscheidung für Bauvorhaben. Trotzdem ist im Programm der KÖWOGE der Denkmalschutz weiter fester Bestandteil. Erst jetzt wird deutlich, wie wertvoll der frühe Beginn und die Jahre angestrengter Arbeit für den denkmalgeschützten Hausbestand der KÖWOGE und die Wohnlandschaft Köpenicks waren.

Ohne Fleiß kein Preis...

Im Wettbewerb um den Bundespreis für Handwerk in der Denkmalpflege erhielt die Köpenicker Wohnungsgesellschaft 1998 den ersten Preis für die vorbildliche Wiederherstellung und den Mut zu außergewöhnlichen, konstruktiven Maßnahmen bei der Rettung des Tanzsaales Bölschestraße 105 in Berlin-Friedrichshagen.
Der übrige Hausbestand der Wohnungsgesellschaft ist in dieser Zeit keinesfalls zu kurz gekommen. Hier galten allerdings andere Maßstäbe.

Die dringendste Aufgabe nach der Wende bestand in der Fertigstellung bereits 1988 begonnener Bauvorhaben der Kommunalen Wohnungsverwaltung (KWV). Gefahrenstellenbeseitigung und Notinstandsetzung der Gebäude und technischen Anlagen zum Schutz vor weiterem Verfall kamen hinzu.
Paralell dazu erfolgten die Vorbereitungen für umfassende Gebäudesanierungen und Neubauvorhaben, die den Verlust an Wohnungen infolge der Restitution mindern sollte.
In diesem Zusammenhang nahm die KÖWOGE alle Möglichkeiten angebotener Förderprogramme wahr, um in möglichst kurzer Zeit ihren Mietern und den Bürgern Köpenicks attraktives Wohnen zu ermöglichen.

Ganze Siedlungsgebiete wurden saniert, das Stadtbild Köpenicks deutlich aufgewertet.
Am Ende dieses Jahrtausends blickt das Unternehmen auf fast zehn Jahre erfolgreiche Arbeit zurück. Annähernd 70 % des vorausichtlich bei der KÖWOGE verbleibenden Wohnungsbestandes sind umfassend modernisiert und instandgesetzt. Mehr als eine Milliarde Mark wurde dafür aufgewendet.

Bis zum Jahr 2004 sollen die restlichen Wohnungen saniert sein.
Das ist ein anspruchsvolles Ziel, mit dem Schwung der ersten zehn Jahre aber realistisch.

Dr. Clemens Thurmann
Geschäftsführer

Dipl.-Kfm. Michael Friesicke
Geschäftsführer

Denkmalgeschützte Wohn- und Geschäftsbauten, die durch die KÖWOGE Köpenicker Wohnungsgesellschaft mbH im Förderprogramm "Städtebaulicher Denkmal-schutz" bzw. im "Gebäudeleerstandsbeseitigungs-programm" im Zeitraum von 1991 - 1999 saniert wurden.

Anschrift	Seite
Adlershofer Straße 7 *	
Alt-Köpenick 4 (Seitenflügel)	26
Alt-Köpenick 8 *	
Alt-Köpenick 31/33	26-28
Alt-Köpenick 36	20
Am Goldmannpark 16 *	
Aßmannstraße 24	
Aßmannstraße 32	
Bölschestraße 18 *	82
Bölschestraße 23	
Bölschestraße 25	59-61
Bölschestraße 52	76/77
Bölschestraße 53	76
Bölschestraße 57	
Bölschestraße 77 *	
Bölschestraße 89	83
Bölschestraße 103	
Bölschestraße 105	79
Bölschestraße 106/107	
Bölschestraße 124	58
Bruno-Wille-Straße 11	
Dreiserstraße 27	
Dreiserstraße 35	82
Dreiserstraße 36	
Fürstenwalder Damm 434	
Fürstenwalder Damm 475	87
Fürstenwalder Damm 480	
Goethestraße 7-17/Parsevalstraße 6-14	112
Josef-Nawrocki-Straße 13	
Katzengraben 9	
Katzengraben 16/Alter Markt 4 *	18/19
Katzengraben 17 *	
Kietz 3	37
Kietz 9 *	
Kietz 17 *	
Kietz 18 *	
Kietz 23 *	
Kietz 27	36
Mentzelstraße 12/14	
Mentzelstraße 18/20	51
Mentzelstraße 19/21	51
Mentzelstraße 22	52/53
Mentzelstraße 23	54
Müggelseedamm 130/ Buttenstedtweg 34	
Müggelseedamm 216	
Rahnsdorfer Straße 26	
Rahnsdorfer Straße 30	
Rahnsdorfer Straße 33	
Scharnweberstraße 14	64/65
Scharnweberstraße 62	66
Scharnweberstraße 63	66
Scharnweberstraße 74 *	
Scharnweberstraße 77 *	
Scharnweberstraße 78	
Scharnweberstraße 107	63
Schönerlinder Straße	
Schönerlinder Straße 5	50
Schönerlinder Straße 7	50
Schönerlinder Straße 10	
Schönerlinder Straße 12	
Spitzerstraße 5 *	

* restituiert

Anhang

Aufgaben der Denkmalschutzbehörde
Erläuterungen zum Denkmalschutzgesetz Berlin
Liste der Denkmalschutzbereiche
Denkmalschutzgesetz Berlin
Fußnoten

Aufgaben der Denkmalschutzbehörde

Der Denkmalschutz umfasst nicht nur den Erhalt von Kirchen, Schlössern und Palais, sondern beinhaltet zugleich die Bewahrung von Industriehallen, Wohn- und Geschäftshäusern, von Gärten und Parkanlagen sowie von Denkmalen, die im Boden verborgen sind. Einzelne Stadtteile, Dörfer und Industrieanlagen stehen als Gesamtanlage unter Denkmalschutz. Oftmals stellen sich diese Bauten und Anlagen schmucklos und schlicht dar, und somit fehlt häufig das Verständnis für ihren Denkmalwert. Doch auch sie sind Dokumente, die es auf Grund ihrer städtebaulichen, historischen, architektonischen, künstlerischen, handwerklichen oder technischen Qualität zu erhalten gilt, denn auch das kleine, scheinbar belanglose Denkmal ist Zeugnis von Geschichte und Alltagskultur.
Der Denkmalschutz setzt sich für den Erhalt dieser Bauten ein, die oft den Charakter der einzelnen Ortsteile bestimmen. Sie werden nicht als stumme Zeugen einer Vergangenheit gesehen oder gar als museale unberührbare Ausstellungsstücke, sondern als historische Zeitzeugen, die unter Bewahrung ihrer Denkmaleigenschaften zeitgemäß genutzt werden müssen. Dabei verstehen sich die Denkmalbehörden als Mittler zwischen Vergangenheit und Zukunft. Die vielseitige Nutzung der unterschiedlichsten Baudenkmale zeichnet die Denkmallandschaft aus und führt somit zu einer noch höheren Attraktivität der einzelnen Gebäude.

Wichtig für den Erhalt ist allerdings immer die Akzeptanz des Denkmaleigentümers. Daher zählt das entsprechende Werben zu den Aufgaben des Denkmalschutzes. Dieses geschieht durch die Verbreitung des Denkmalgedankens sowie des Wissens über die Denkmale.
Das vorliegende Buch gibt einen Überblick über die Aufgaben der Denkmalbehörde.

Der Auftrag des Denkmalschutzes und der Denkmalpflege im Allgemeinen beinhaltet die Bewahrung von wichtigen Zeugnissen der menschlichen Kultur. Dabei dient das Arbeitsgebiet des Denkmalschutzes der Erhaltung und Sicherung der unter Schutz gestellten Gebäude.
Im engeren Sinn bedeutet dies das Abwenden von Gefahren für ein Denkmal. Der erste Schritt wird durch die Unterschutzstellung vorgenommen, welcher nach wissenschaftlichen Kriterien erfolgt. Auf Grund von vier verschiedenen Bedeutungskriterien (geschichtlichen, künstlerischen, wissenschaftlichen oder städtebaulichen Gründen) können ein Baudenkmal, ein Denkmalbereich (Ensemble, Gesamtanlage), ein Gartendenkmal oder ein Bodendenkmal in die Denkmalliste aufgenommen werden. Bereits eines dieser Kriterien reicht aus, um ein Denkmal unter Schutz zu stellen. Zugleich kann das Denkmal mehrere Kriterien in sich vereinigen.

Schließlich umfassen der Schutz und die Sicherung eines Denkmals den Genehmigungsvorbehalt
- zu Veränderungen des Erscheinungsbildes,
- bei vollständiger oder teilweiser Beseitigungsabsicht,
- bei Entfernung von seinem Standort, von seinem Aufbewahrungsort oder
- bei Instandsetzung sowie Wiederherstellung,
- bei Nutzungsveränderungen.

Dieser Genehmigungsvorbehalt erstreckt sich auch auf die nähere Umgebung eines Denkmals.

Häufig entsteht der irrtümliche Eindruck, dass der Denkmalschutz Erneuerungsprozessen hinderlich gegenüber steht. Jedoch belegen die zahlreichen sanierten Baudenkmale das Gegenteil. Vielmehr kristallisiert sich heraus, dass die historischen Gebäude im Wettbewerb mit den beliebigen Neubauten durch ihre kennzeichnende Besonderheit und dem im Umfeld bereits gewachsenen Charme bestens Bestehen können und bei Eigentümern und Mietern begehrter denn je sind.

Neben der regen Anteilnahme der Bewohner Köpenicks an den Sanierungen interessieren sich vor allem die Mieter und Eigentümer, für den Denkmalschutz, die sich mit ihren Gebäuden identifizieren und die Individualität des jeweiligen Baudenkmals schätzen. Dabei fällt es immer wieder auf, dass das kleine Detail und nicht die Massenware, das Unikat und nicht das "Haus von der Stange" zunehmend an Bedeutung gewinnen.
Deutlich wird diese Entwicklung am Interesse und an den vielen Fragen, die während Bürgerveranstaltungen zum Stand eines gerade in der Sanierung befindlichen Gebäudes auftreten.
Diese hohe Resonanz zeigt, welche Bedeutung die Baudenkmale einnehmen. Vor allem ist erkennbar, dass die Akzeptanz bei den Eigentümern für den Denkmalschutz stetig wächst, da die den Baudenkmalen inne wohnenden Besonderheiten dazu beitragen, die Baudenkmale zu erhalten. Die Bedeutung der Individualität eines Baudenkmals ist dabei nicht zu unterschätzen, da deutlich wird, dass die sanierten denkmalgeschützten Seitengebäude mit ihren entstandenen Wohnungen, die modernen Lofts in den ehemaligen Fabriketagen und die Ateliers in ehemaligen Werkstatthallen begehrte Wohnungen oder Arbeitsstätten geworden sind.

In diesem Buch wird eine Reihe von Beispielen gezeigt, wie das bauliche Erbe erhalten werden kann. In erster Linie ist den Eigentümern zu danken, die sich dieser Aufgabe angenommen haben. Der weitere Dank gilt allen Beteiligten (Architekten, Handwerkern und Behörden), die bereits diese Vielzahl an Beispielen ermöglicht haben. Darüber hinaus kann ein Teil der bereits sanierten Denkmale auf die Unterstützung des Bundes- und Landesprogramms „Städtebaulicher Denkmalschutz" zurückgeführt werden.

Auf Grund der über 1.600 unter Schutz stehenden Gebäude im Bezirk Köpenick kann nur ein Teil der gesamten Substanz in diesem Buch aufgezeigt werden. Die getroffene Auswahl stellt die Vielfalt der im Bezirk befindlichen Bausubstanz dar. Die zahlreichen restaurierten Gebäude sowie die Freude der Eigentümer über ihr saniertes Baudenkmal machen uns zuversichtlich, dass die zahlreichen noch zu sanierenden Denkmale erhalten werden können.

Erläuterungen

Im Zusammenhang mit dem Denkmalschutzgesetz Berlin hat das Landesdenkmalamt Berlin die nachrichtliche Denkmalliste als aktuelles Verzeichnis der gegenwärtig bekannten Denkmalbereiche sowie der Bau-, Garten- und Bodendenkmale erarbeitet. Diese Denkmalliste wurde erstmals am 28. September 1995 im Amtsblatt für Berlin bekanntgemacht. Eine aktualisierte amtliche Fassung wurde im Amtsblatt für Berlin, 47. Jahrgang, Nr. 23 v. 29. 5. 1997 (S. 1521-1534) veröffentlicht.
Diese Auflistung erfolgt zusammengefasst.

Die Denkmalliste ist gemäß § 2 DSchG Bln untergliedert nach Denkmalbereichen (im Sinne von Ensembles und im Sinne von Gesamtanlagen), nach Baudenkmalen (entspricht der Bezeichnung Einzeldenkmal), Gartendenkmalen und Bodendenkmalen.
1. a) Denkmalbereiche (Ensembles) sind historisch gewachsene, heterogene Baubereiche oder ganze Stadtviertel, die bisweilen als besondere Straßen-, Platz- und Ortsbilder einschließlich der mit ihnen verbundenen Frei- und Wasserflächen in Erscheinung treten. Beispiele für Ensembles sind Dorfanlagen, Ortszentren oder Mietshausquartiere. Häufig umfassen Ensembles auch Bauten oder Flächen, die für sich allein nicht denkmalwert, doch für den Charakter des umgrenzten Bereichs wichtig sind. Als Bestandteile eines Ensembles unterliegen sie jedoch ebenfalls dem Denkmalschutz. Am Ende der Ensemblelisten sind in einigen Fällen einzelne, nicht konstituierende Bestandteile, die inmitten dieser Denkmalbereiche stehen, aufgeführt. In der Regel sind dies Neubauten von untergeordneter Bedeutung, gelegentlich sogar von beeinträchtigender Wirkung. Für Baumaßnahmen an ihrer Stelle gelten die Bewertungskriterien, die sich aus den Besonderheiten des Ensembles ableiten lassen.
b) Denkmalbereiche (Gesamtanlagen) sind konzeptionell in einem Zug errichtete oder in funktionalem Zusammenhang entstandene Komplexe, die in allen ihren Teilen Denkmalbedeutung besitzen. Zu ihnen zählen beispielsweise Siedlungen, Wohnanlagen oder Schulkomplexe.

2. Baudenkmale (Einzeldenkmale) sind bauliche Anlagen unterschiedlicher Größe oder definierte Teile von baulichen Anlagen. Zu den Baudenkmalen kann die gesamte Bebauung auf einem Grundstück zählen, zum Beispiel Villa mit Gartenhaus, Verwaltungsgebäude mit Hofanlage oder dergleichen. Baudenkmale können Bestandteile von Denkmalbereichen sein.

3. Gartendenkmale sind Grün- oder Parkanlagen, Gärten, Friedhöfe, Alleen oder sonstige Zeugnisse der Garten- und Landschaftsgestaltung. Sie können bauliche Anlagen einschließen und Bestandteile von Denkmalbereichen sein.

4. Bodendenkmale sind bewegliche oder unbewegliche Sachen, die sich im Boden oder in Gewässern befinden. Da sie bis zu einer archäologischen Untersuchung nicht immer vollständig bekannt und genau lokalisierbar sind, können 'abgegrenzte Flächen, in denen Baudenkmale vorhanden sind oder vermutet werden', außerdem durch Rechtsvorschriften als Grabungsschutzgebiete ausgewiesen werden.

Ein (D) am Ende einer Listeneintragung kennzeichnet die Objekte, die bereits vor dem 7. Mai 1995 (nach DSchG Bln, 1977) ins Baudenkmalbuch eingetragen waren oder als eingetragen galten.

Köpenick

Denkmalbereiche (Ensembles)

Ahornallee 13-15, Ensemble Ahornallee,

Baudenkmal siehe: Ahornallee 13
Weitere Bestandteile des Ensembles:
- Ahornallee 14, Wohnhaus, 1888 von E. Schrammer
- Ahornallee 15, Wohnhaus, um 1885

Alt-Köpenick 4/10A, 12-20, 21/29, 22, 31-34, 36/38, 39, Altstadt - Köpenick (D)

Alter Markt 1-12
Böttcherstraße 1-2
Freiheit 1-9, 11, 12-12B, 14-18
Grünstraße 4-6, 9-25
Jägerstraße 1-6
Katzengraben 1/11, 13-17, 19-20
Kietzer Straße 3-7, 10-14
Kirchstraße 1-6
Laurenzstraße 1-2
Lüdersstraße 8-18
Rosenstraße 1-6, 8-10, 13/19
Spindlergasse
Wassergasse zwischen Alt-Köpenick 14 und 16
Baudenkmale siehe: Alter Markt 1; 4; 7; 9; 10; Alt-Köpenick, Kirche; 10; 13; 15; 21/29; 36; 38; Freiheit 1; 12; 12A-B; 14; 15; 16; Katzengraben 3; 9; 11; 14; 19; Kietzer Straße 4; Kirchstraße 4
Konstituierende Bestandteile des Ensembles:
- Alter Markt 2, Schule, 1876-77, mit Wohnhaus für den Hausmeister, 1925
- Alter Markt 5, Hofgebäude, 4. Viertel 19. Jh.
- Alter Markt 8, Mietshaus, 1874 von Carl Buckow
- Alter Markt 11, Wohnhaus, 1921-22
- Alt-Köpenick 4, Mietshaus, 1888 von Friedrich Lahne
- Alt-Köpenick 6, Wohnhaus, 4. Viertel 17. Jh., Umbau 1864
- Alt-Köpenick 8, Wohnhaus, 1. Hälfte 18. Jh., Umbau 1858 von Thiele
- Alt-Köpenick 10A, Wohnhaus, 1891
- Alt-Köpenick 12, Wohnhaus, 1685, Umbau 1985-86
- Alt-Köpenick 14, Wohnhaus, 1726, Umbau 1801 und 1985-86
- Alt-Köpenick 16, Mietshaus, 1907 von Fritz Wolff
- Alt-Köpenick 18, Mietshaus, 1906, Umbau um 1985
- Alt-Köpenick 20, Mietshaus, 1907, Umbau um 1985
- Alt-Köpenick 22, Stadtapotheke, 2. Hälfte 18. Jh., Umbau 1893 von Friedrich Lahne, Umbau 1985-86
- Alt-Köpenick 24, Luisenhain
- Alt-Köpenick 31/33 / Grünstraße 25, Mietshaus 1888, Umbau 1910
- Alt-Köpenick 32, Mietshaus, 1888 von Friedrich Lahne
- Alt-Köpenick 34, Mietshaus, 1904 von Friedrich Lahne
- Alt-Köpenick 39, Wohnhaus, um 1900
- Böttcherstraße 1, Wohnhaus, 1. Hälfte 19. Jh., Umbau 1990
- Böttcherstraße 2, Mietshaus, 1904-05 von Max Kienert
- Freiheit 5, Mietshaus, 1899 von F. Hinze
- Freiheit 7, Mietshaus, 1891-94 von Pfeiffer & Engler
- Freiheit 17, Wohn- und Geschäftshaus, 1894
- Freiheit 18, Seitenflügel, um 1930
- Futranplatz, ehem. Friedhof und Marktplatz, um 1800, nach 1945 verändert
- Grünstraße 4, Mietshaus, 1894
- Grünstraße 5, Mietshaus, 1985-86 nach historischem Vorbild
- Grünstraße 6, Kellergewölbe, um 1685
- Grünstraße 9, Mietshaus, 1872
- Grünstraße 10, Hotel, 1872 von Friedrich Lahne
- Grünstraße 11, Wohn- und Geschäftshaus, um 1905
- Grünstraße 12, Wohn- und Geschäftshaus, 1985-86 nach historischem Vorbild
- Grünstraße 13, Wohn- und Geschäftshaus, um 1890
- Grünstraße 15, Wohnhaus, um 1900
- Grünstraße 16, Mietshaus, um 1985
- Grünstraße 17, Mietshaus, um 1910
- Grünstraße 20, Wohn- und Geschäftshaus, um 1905
- Grünstraße 21, Wohn- und Geschäftshaus, um 1895
- Grünstraße 22, Wohnhaus, 1656, Umbau um 1985
- Grünstraße 23, Wohn- und Geschäftshaus, 1891-92 von A. Liebherr
- Grünstraße 24, Wohn- und Geschäftshaus, um 1895
- Jägerstraße 1, Bibliothek, um 1985
- Jägerstraße 2-3, Mietshaus, 1884 von F. Hinze
- Jägerstraße 4, Waschhaus, 1885 von Friedrich Lahne
- Jägerstraße 5, Mietshaus, 1888 von Friedrich Lahne und H. Thiele
- Katzengraben 7, Wohnhaus 1684, Umbau 1871 von H. Thiele; Stallgebäude 1858-1907
- Katzengraben 13, Mietshaus, 1901-02 von Fahner und Linse
- Katzengraben 15, Mietshaus, (rechts) 1900 von Friedrich Lahne, (links) 1890 von F. Hinze
- Katzengraben 17, Mietshaus 1846 von Thiele Sen.; Wäscherei und Pferdestall, 1908 von L. Nathan
- Katzengraben 20, Mietshaus, um 1900
- Kietzer Straße 3, Wohn- und Geschäftshaus, 1884-85 von Friedrich Lahne
- Kietzer Straße 5, Wohn- und Geschäftshaus, um 1890
- Kietzer Straße 6, Wohnhaus, 1843 von G. Thiele, Umbau und Modernisierung 1985
- Kietzer Straße 10, Wohn- und Geschäftshaus, 1912 von Fritz Barthel
- Kietzer Straße 12, Wohn- und Geschäftshaus, 1891 von Friedrich Lahne
- Kietzer Straße 13, Wohn- und Geschäftshaus, 1890 von A. Liebherr
- Kietzer Straße 14, Geschäftshaus, 1993 mit historischer Fassade
- Kirchstraße 1, Mietshaus, 1873 von Friedrich Lahne
- Kirchstraße 2, Geschäftshaus, 1925-33 von Gebr. Manz
- Kirchstraße 3, Kaufhalle, 1923-24 von F. Fischer
- Kirchstraße 5, Mietshaus, 1908 von Joseph Rudolph
- Kirchstraße 6 / Rosenstraße 13, Mietshaus, um 1935
- Laurenzstraße 2, Wohn- und Geschäftshaus, 1907-08
- Lüdersstraße 10, Wohnhaus, um 1665, Umbau nach Kriegszerstörung um 1945
- Lüdersstraße 15 / Alter Markt 6, Wohnhaus, 2. Viertel 19. Jh.
- Lüdersstraße 16, Wohn- und Geschäftshaus, um 1900
- Rosenstraße 1, Mietshaus, um 1895
- Rosenstraße 3, Mietshaus, um 1905
- Rosenstraße 4, Mietshaus, 1904 von Max Kienert
- Rosenstraße 6, Mietshaus, um 1895
- Rosenstraße 8, Mietshaus, um 1890
- Rosenstraße 10, Mietshaus, um 1885
- Rosenstraße 15, Mietshaus, um 1890
- Rosenstraße 17A, Hofgebäude, um 1890

Nicht konstituierende Bestandteile des Ensembles:
- Alter Markt 12
- Grünstraße 14 / Kietzer Straße 11
- Katzengraben 1-1A
- Lüdersstraße 18 / Jägerstraße

Alt-Müggelheim 1-22, Angerdorf Müggelheim, 1747, mit Anger, Dorfkirche und Schule (D)

Krampenburger Weg 2/6
Odernheimer Straße 1, 2/6
Sobernheimer Straße 1-6
Baudenkmale siehe: Alt-Müggelheim 3; 5; 9; 21; 22
Konstituierende Bestandteile des Ensembles:
- Vorgärten und rückwärtige Nutzgärten
- Alt-Müggelheim 1, Wohnhaus, Stall, 3. Viertel 19. Jh.
- Alt-Müggelheim 2, Wohnhaus, Ställe und Scheune, 3. Viertel 19. Jh.
- Alt-Müggelheim 4, Wohnhaus, Scheune, 4. Viertel 19. Jh.
- Alt-Müggelheim 6, Wohnhaus, Ställe, Scheune, 3. Viertel 19. Jh.
- Alt-Müggelheim 7, Wohnhaus, um 1905, Scheune 4. Viertel 19. Jh
- Alt-Müggelheim 10, Wohnhaus, 1892
- Alt-Müggelheim 11, Postamt, um 1925; Ställe, 4. Viertel 19. Jh
- Alt-Müggelheim 12, Wohnhaus, Ställe, Scheune, 3. Viertel 19. Jh.
- Alt-Müggelheim 13, Wohnhaus, Ställe, Scheune, um 1885
- Alt-Müggelheim 14, Wohnhaus, 1887; Stall, Scheune, 4. Viertel 19. Jh.
- Alt-Müggelheim 15 / Odernheimer Straße 2, Wohnhaus 1893; Stall, Scheune, 4. Viertel 19. Jh.
- Alt-Müggelheim 16 / Odernheimer Straße 1, Wohnhaus, Stall, Scheune, 1880
- Alt-Müggelheim 17, ehem. Wohnhaus, 3. Viertel 19. Jh.
- Alt-Müggelheim 18, Wohnhaus, Stall, Scheune, 4. Viertel 19. Jh.
- Alt-Müggelheim 19, Wohnhaus 3. Viertel 19. Jh.
- Alt-Müggelheim 20, Laden, um 1925
- Alt-Müggelheim, vor Nr. 22, Denkmal für J. J. Baeyer, 1962 von H. Fussel (D)

Nicht konstituierender Bestandteil des Ensembles:
- Krampenburger Weg 6

Alt-Schmöckwitz 1-15, Dorfkern Schmöckwitz, mit Anger, Kirchplatz und Dorfkirche

Adlergestell 778/786
Gesamtanlage siehe: Adlergestell 778/786
Baudenkmale siehe: Alt-Schmöckwitz, Dorfkirche; 5; 10
Weitere Bestandteile des Ensembles:
- Vorgärten und rückwärtige Nutzgärten
- Alt-Schmöckwitz 1, Alte Dorfschule, um 1855
- Alt-Schmöckwitz 2, Gehöft mit Wohnhaus, Scheune und Nebengebäude, um 1900
- Alt-Schmöckwitz 3, Ev. Pfarramt, Wohnhaus, um 1930
- Alt-Schmöckwitz 4, Mietshaus, um 1895
- Alt-Schmöckwitz 6, Wohnhaus, um 1870, Umbau, um 1980
- Alt-Schmöckwitz 7, Wohnhaus, 1867, Umbau, um 1924
- Alt-Schmöckwitz 8, Wohnhaus, 1866-67 von William Müller; Wohnhaus, 1892 von Heinrich Hahn
- Alt-Schmöckwitz 9, Wohnhaus, um 1860, Umbau, um 1910
- Alt-Schmöckwitz 11, Wohnhaus und Seitenflügel, um 1880, Umbau 1934
- Alt-Schmöckwitz 12, Wohnhaus, um 1895, Scheune
- Alt-Schmöckwitz 13, Wohnhaus, um 1895; Scheune um 1870
- Alt-Schmöckwitz 14, Wohn- und Geschäftshaus, um 1880, Umbau 1896
- Alt-Schmöckwitz 15, Wohnhaus, um 1890

Bölschestraße 3-136, Kolonistensiedlung Friedrichshagen

Am Goldmannpark 1, 2
Aßmannstraße 44/46, 55
Fürstenwalder Damm 484
Baudenkmale siehe: Bölschestraße, Kirche; 6; 25; 27-28; 58; 66; 83; 84-85; 87; 115; 116
Konstituierende Bestandteile des Ensembles:
- Bölschestraße, zentraler Platz mit Kriegerdenkmal, 1903 von Felix Görling
- Bölschestraße 3, Wohnhaus, 1. Hälfte 19. Jh., Umbau 1891
- Bölschestraße 4, Mietshaus, 1891
- Bölschestraße 5, Wohn- und Geschäftshaus, 1907-08
- Bölschestraße 6A, Wohnhaus, 1873 von L. Allrich; Seitengebäude, 1873, von Heiligenstädt und Haenschke
- Bölschestraße 7, Wohn- und Geschäftshaus, 1897-98 von Rudolf Thieme
- Bölschestraße 8, Wohnhaus, 1879 von E. Schrammer; Nebengebäude, um 1895
- Bölschestraße 9, Wohnhaus, 1879 von E. Schrammer; Nebengebäude, 1884-1896
- Bölschestraße 10, Wohnhaus, um 1820, Erweiterung 1854
- Bölschestraße 11, Mietshaus, 1914-16 von A. Fischer
- Bölschestraße 12, Wohn- und Geschäftshaus, 1903-04 von Gloede
- Bölschestraße 12A, Wohnhaus, 1. Hälfte 19. Jh., Umbau 1871 von William Müller
- Bölschestraße 13, Wohnhaus, 1877 von William Müller
- Bölschestraße 14, Wohnhaus, 1877 von William Müller
- Bölschestraße 15, Wohnhaus, 1870-73 von William Müller
- Bölschestraße 16, Wohnhaus, 1. Viertel 19. Jh., Umbau 1870 von H. Carlitscheck
- Bölschestraße 18, Wohnhaus (links), 1. Hälfte 19. Jh., Umbauten 1870 und 1934; Wohnhaus (rechts), 1872 von H. Carlitscheck; Quergebäude, 1906 von R. Thieme
- Bölschestraße 19, Wohnhaus, 1903 von E. Schrammer
- Bölschestraße 20, Mietshaus, 1894 von Wilhelm Thieme
- Bölschestraße 21-22, Hofgebäude, 1891 von H. Carlitscheck
- Bölschestraße 23, Mietshaus, um 1875
- Bölschestraße 24, Mietshaus, um 1885
- Bölschestraße 26, Mietshaus, 1897 von H. Lerche, Umbau 1924-26
- Bölschestraße 29, Schule, um 1865
- Bölschestraße 30, Mietshaus, 1902-03 von E. Schrammer
- Bölschestraße 31, Wohnhaus, 1870 von William Müller
- Bölschestraße 43, Wohnhaus, 1872-74 von William Müller & Fr. Sydow
- Bölschestraße 44, Mietshaus, 1889 von E. Schrammer
- Bölschestraße 45A, Wohnhaus, 2. Viertel 19. Jh., Umbau 1870 von William Müller
- Bölschestraße 46, Wohnhaus, 1880 von F. Hinze
- Bölschestraße 47, Mietshaus, 1895-96 von Reinhold Hinze
- Bölschestraße 48, Mietshaus, 1896 von Reinhold Hinze
- Bölschestraße 49, Wohn- und Geschäftshaus mit Seitenflügel, um 1895
- Bölschestraße 50, Mietshaus, 1894 von E. Schrammer
- Bölschestraße 51, Wohnhaus, um 1850, Umbau um 1875 und um 1985
- Bölschestraße 52, Wohn- und Geschäftshaus, 1891 von Reinhold Hinze
- Bölschestraße 53, Wohn- und Geschäftshaus, 1891 von Reinhold Hinze
- Bölschestraße 54, Wohn- und Geschäftshaus, 1887-88 von Helmut Lerche
- Bölschestraße 55, Wohnhaus, 1872-73 von H. Carlitscheck, Umbau

1897 von Rudolf Thiele
- Bölschestraße 56, Wohnhaus, 1871 von William Müller
- Bölschestraße 57, Mietshaus, 1903 von August Meißner
- Bölschestraße 59, Wohn- und Geschäftshaus, 1906-08 von Paul Popig
- Bölschestraße 60, Mietshaus, 1907 von Reinhold Hinze
- Bölschestraße 63, Mietshaus, 1910-11 von Albert Schmidt & August Lerche
- Bölschestraße 64, Wohnhaus, 1871 von R. Liesfeld, Umbau um 1955
- Bölschestraße 65, Wohnhaus, 1872-73 von William Müller, Umbau 1891
- Bölschestraße 67 / Am Goldmannpark 1, Wohn- und Geschäftshaus, 1864 von C. Heidecke, Umbau 1876 und 1886
- Bölschestraße 68, Wohn- und Geschäftshaus, 1871 von C. Lerche, Umbau um 1925
- Bölschestraße 69, Union Filmtheater, Wohnhaus, 1872-73 von F. Sydow, Umbau 1920 von Peter Juncker
- Bölschestraße 69A, Post, 1929 von Nissle
- Bölschestraße 70, Post, 1898 von A. Meißner
- Bölschestraße 71, Wohnhaus, 1871 von William Müller, Umbauten 1886 und 1905 von Wilhelm Thieme
- Bölschestraße 72, Wohn- und Geschäftshaus, um 1895
- Bölschestraße 73, Mietshaus, 1899-1900 von Gebr. Thieme
- Bölschestraße 74, Wohnhaus, 1873-74 von William Müller und Fr. Sydow
- Bölschestraße 75, Wohnhaus, 1858, Umbau 1864 und 1902
- Bölschestraße 76, Wohn- und Geschäftshaus, 1919 von Fritz Wolf
- Bölschestraße 77, Wohnhaus, 1864-66, Umbau 1928 von Albert Schmidt
- Bölschestraße 78, Wohnhaus, 1863 von Schmädicke
- Bölschestraße 79, Wohnhaus, 1857 von G. Seydeler, Umbau 1863
- Bölschestraße 80, Wohn- und Geschäftshaus, 1913 von Arthur Fischer
- Bölschestraße 81, Wohnhaus, um 1855
- Bölschestraße 82, Wohnhaus, 1. Hälfte 19. Jh., Umbau 1903
- Bölschestraße 86, Wohn- und Geschäftshaus, 1873-75 von William Müller; Hinterhaus, 1899
- Bölschestraße 88, Wohnhaus, um 1870
- Bölschestraße 89, Wohnhaus, 1868 von William Müller
- Bölschestraße 90, Wohnhaus, um 1865, Umbau 1936 von Paul Götz
- Bölschestraße 91, Miets- und Geschäftshaus, um 1905 von Adolph Lehmann
- Bölschestraße 91A, Wohnhaus, 1870 von Freitleben; Seitenflügel, 1901 von G. Missling
- Bölschestraße 92, Wohnhaus, 1871 von H. Carlitscheck, Umbau um 1990
- Bölschestraße 93, Wohn- und Geschäftshaus, 1887 von A. Lerche
- Bölschestraße 94, Mietshaus, 1890 von F. Hinze
- Bölschestraße 95, Mietshaus, 1890 von F. Hinze
- Bölschestraße 96, Mietshaus, 1928-29 von Eugen Kühn
- Bölschestraße 97, Mietshaus, 1876-79 von E. Husstädt, Saal um 1890
- Bölschestraße 98, Mietshaus, um 1895
- Bölschestraße 99, Wohnhaus, 1873-74 von H. Carlitscheck; Gartenhaus, 1909 von Spuhn; Vereinshaus, 1913 von Spuhn
- Bölschestraße 100, Wohn- und Geschäftshaus, 1873-74 von Carlitscheck
- Bölschestraße 101, Miets- und Geschäftshaus, 1908-09 von Paul Hönig
- Bölschestraße 102, Wohnhaus, 1870-71 von A. Carlitscheck, Umbau 1908
- Bölschestraße 103, Wohnhaus, 1874 von A. Wilke
- Bölschestraße 104, Wohnhaus, 1869 von William Müller
- Bölschestraße 105, Miets- und Geschäftshaus, 1889 von H. Carlitscheck; Saal 1921-25
- Bölschestraße 106-107, Mietsdoppelhaus, 1891 von E. Schrammer
- Bölschestraße 108-113 / Aßmannstraße 55, Kaufhalle, um 1965
- Bölschestraße vor Nr. 114, Bedürfnisanstalt, um 1930
- Bölschestraße 114 / Aßmannstraße 44/46, Wohn- und Geschäftshaus, 1906 von Gutzeit & Boom
- Bölschestraße 117, Wohn- und Geschäftshaus, 1895 von August Lerche
- Bölschestraße 118, Wohnhaus, 1855 von Gerhardt, Umbauten 1886, 1921 und 1934
- Bölschestraße 119, Hofgebäude, 1872 von William Müller
- Bölschestraße 120, Wohnhaus, 1864 von Thiele Sen.; Umbau 1874, Quergebäude, 1904 von E. Schrammer
- Bölschestraße 121, Wohnhaus, 1874 von William Müller, Umbau 1892 von H. Lerche
- Bölschestraße 122, Wohnhaus, (links) 1857, (rechts) 1874 von A. Carlitscheck; Hinterhaus um 1865
- Bölschestraße 123, Wohnhaus, 1872 von William Müller
- Bölschestraße 124, Wohnhaus, 1872-73 von William Müller
- Bölschestraße 125, Wohn- und Geschäftshaus mit Quergebäude, 1913 von Adolf Lehmann
- Bölschestraße 126, Wohnhaus, 1870 von William Müller
- Bölschestraße 126A, Wohnhaus (rechts), 1870 von A. Kampe; Anbau, 1873 von A. Carlitscheck
- Bölschestraße 127, Wohnhaus, 1894-95 von F. Hinze
- Bölschestraße 128, Wohnhaus, um 1865; Seitenflügel, 1873
- Bölschestraße 129, Wohnhaus, um 1860
- Bölschestraße 130, Wohnhaus, 1877 von W. Krause
- Bölschestraße 131, Wohnhaus, um 1880
- Bölschestraße 132, Wohn- und Geschäftshaus, 1903 von E. Schrammer; Seitenflügel, um 1880
- Bölschestraße 133, Wohnhaus, 1873-74 von A. Carlitscheck
- Bölschestraße 134, Wohnhaus, 1873-74 von A. Carlitscheck
- Bölschestraße 135, Wohnhaus, 1873 von William Müller, Umbau 1891 von A. Grabow
- Bölschestraße 136, Wohnhaus, 1869 von William Müller

Nicht konstituierende Bestandteile des Ensembles:
- Aßmannstraße 55
- Bölschestraße 32-42
- Bölschestraße 62, Hofgebäude

Dorfstraße 2H-21, Dorf Rahnsdorf mit Anger, Kirche und Schule (D)

Baudenkmale siehe: Dorfstraße (Rahnsdorf), Kirche; Dorfschule; 12

Weitere Bestandteile des Ensembles:
- Vorgärten und rückwärtige Nutzgärten
- Dorfstraße, Denkmal für August Herrmann, 1930 von Paul Gruson
- Dorfstraße 2 H, Wohnhaus, Stall, 1887
- Dorfstraße 2 I, Wohnhaus, um 1900
- Dorfstraße 3, Mietshaus, 1912; Scheune, vor 1887, Umbau 1938
- Dorfstraße 4, Wohnhaus, Stall, Scheune, 2. Hälfte 19. Jh.
- Dorfstraße 5, Wohnhaus, Stall, Scheune, nach 1860
- Dorfstraße 6, Wohnhaus, Stall, Scheune, um 1875
- Dorfstraße 7, Wohnhaus, Scheune, Stall, um 1875
- Dorfstraße 8, Wohnhaus, 1875
- Dorfstraße 9, Wohnhaus, Scheune, um 1875, Umbau 1877 von H. Carlitscheck
- Dorfstraße 9A, Wohnhaus, um 1865

- Dorfstraße 10, Wohnhaus, nach 1860, 1875 Umbau von H. Carlitscheck, 1924 Umbau von Herbert Rühle; Nebengebäude
- Dorfstraße 10A, Ruderclub und Bootshaus, 1924 von Heumann, Umbau 1938
- Dorfstraße 11, Wohnhaus, um 1865, Umbau 1938
- Dorfstraße 13, Wohnhaus, Scheune, nach 1872, Umbau 1938
- Dorfstraße 14, Dorfkrug, nach 1872, Umbau 1946
- Dorfstraße 15, Wohnhaus, Scheune, nach 1872
- Dorfstraße 16, Wohnhaus, Scheune, nach 1872
- Dorfstraße 17, Mietshaus, Scheune, um 1875, Umbau Mietshaus um 1910
- Dorfstraße 18, Wohnhaus und Gasthaus, um 1875, Umbau um 1904 und 1926
- Dorfstraße 19, Wohnhaus, um 1880, Umbau 1892
- Dorfstraße 20, Wohnhaus, Scheune, Stall, um 1880
- Dorfstraße 21, Wohnhaus, nach 1885

Firlstraße 17/25, Schulkomplex und Turnhallen (D)

Kottmeierstraße 2/4
Plönzeile 1-7
Gesamtanlagen siehe: Firlstraße 23/25; Kottmeierstraße 2/4
Weiterer Bestandteil des Ensembles:
- Plönzeile 7, Lyzeum und Amtshaus 1904-05 von Paul Gerking und R. Guthmann Nachf.

Kietz 3-28, Dorfanlage Kietz (D)

Breite Gasse
Judisgasse
Kaumanngasse
Kleine Heege
Müggelheimer Straße 1 A-C
Wassergasse (zwischen Kietz 19 und 20)
Baudenkmale siehe: Kietz 6; 12; 19; 21; 27
Konstituierende Bestandteile des Ensembles:
- Kietz 3, Mietshaus, 1908
- Kietz 4, Wohnhaus, 1875 von Carl Buckow
- Kietz 5, Miets- und Geschäftshaus, um 1900
- Kietz 7, Mietshaus, 1910
- Kietz 8, Wohnhaus, 2. Viertel 18. Jh.
- Kietz 9, Mietshaus, 1892 von Carl Nathan & W. Hahn
- Kietz 10, Wohnhaus, 1877 von C. Buckow
- Kietz 11, Wohnhaus, um 1800, Umbau 1979-80
- Kietz 13, Wohnhaus, 1985
- Kietz 14, Wohnhaus, 1858
- Kietz 15, Wohnhaus, um 1800, Umbau 1873 von C. Buckow
- Kietz 16, Wohnhaus, um 1990 nach historischem Vorbild
- Kietz 16A, Wohnhaus, 1. Viertel 19. Jh., Umbau um 1870
- Kietz 17, Wohnhaus, um 1680, 1876-78 Umbau von C. Buckow
- Kietz 18, (rechts) Wohnhaus, um 1780, 1829 aufgestockt; (links) Mietshaus, 1895 von Friedrich Lahne
- Kietz 20, Mietshaus, 3. Viertel 19. Jh., Umbauten 1876 und 1901
- Kietz 21A, Wohnhaus, 1966-70
- Kietz 22, Wohnhaus, um 1750, Umbau 1879 und 1932
- Kietz 22A, Wohnhaus, um 1850, Umbau 1932
- Kietz 22B, Wohnhaus, um 1850, Umbau 1909 von W. Gräffel
- Kietz 23, Wohnhaus, 1852
- Kietz 24, Mietshaus, 1891
- Kietz 25, Mietshaus mit Vorgarten, 1890 von Friedrich Lahne
- Kietz 26, Wohnhaus, 1933 von Emil Plehm
- Kietz 28, Mietshaus, 1901
Nicht konstituierende Bestandteile des Ensembles:
- Müggelheimer Straße 1 A-B
- Müggelheimer Straße 1 C

Lindenstraße 20-22 (Rahnsdorf), Wohnhausgruppe

Baudenkmal siehe: Lindenstraße 20
Weitere Bestandteile des Ensembles:
- Lindenstraße 21, Wohnhaus, um 1895
- Lindenstraße 22, Wohnhaus, um 1895

Scharnweberstraße 1-124, Wohnhäuser (D)

Am Goldmannpark 24
Aßmannstraße 63, 66
Breestpromenade 2
Drachholzstraße
Dreiserstraße 2-3
Kastanienallee 16-16A
Karl-Pokern-Straße 1
Müggelseedamm 183, 189
Rahnsdorfer Straße 1, 2
Konstituierende Bestandteile des Ensembles:
- Vorgärten
- Am Goldmannpark 24 / Scharnweberstraße, Wohnhäuser, um 1890
- Aßmannstraße 66 / Scharnweberstraße, Wohnhaus
- Scharnweberstraße 1 / Müggelseedamm 189, Wohn- und Geschäftshaus, 1911 von Demuth und Crampe
- Scharnweberstraße 2, Wohnhaus, 1890 von Gebr. Thieme
- Scharnweberstraße 4, Wohnhaus, 1891 von Carl Schrammer
- Scharnweberstraße 5 / Dreiserstraße 2, Wohn- und Geschäftshaus, 1897
- Scharnweberstraße 6 / Dreiserstraße 3, Mietshaus, 1905
- Scharnweberstraße 7, Mietshaus, 1890 von J. Lerche
- Scharnweberstraße 8, Wohnhaus, 1866, mit Remise, um 1890
- Scharnweberstraße 9-10, Katholische Kapelle St. Franziskus mit Pfarrhaus, 1950-52
- Scharnweberstraße 11, Mietshaus, 1896 von Gebr. Thieme, Umbau um 1970
- Scharnweberstraße 12, Mietshaus, 1904 von Reinhold Hinze, Umbau um 1970
- Scharnweberstraße 13, Hofgebäude 1874
- Scharnweberstraße 14-15, Wohnhaus, 1882 von F. Hinze
- Scharnweberstraße 17, Mietshaus, 1904 von Wilhelm Thieme; Hofgebäude, 1873
- Scharnweberstraße 18, Mietshaus, 1902-1905, Umbau um 1980
- Scharnweberstraße 18A, Wohnhaus, um 1920
- Scharnweberstraße 19, Seitenflügel, um 1900
- Scharnweberstraße 20, Wohnhaus, um 1860, Erweiterung 1872 von William Müller
- Scharnweberstraße 21, Wohnhaus, 1861, Umbau 1907
- Scharnweberstraße 22, Wohnhaus, 1888 von Wilhelm Thieme, Umbau 1927
- Scharnweberstraße 23, Pförtnerwohnung, 1936 von F. Brinkmann
- Scharnweberstraße 24 / Rahnsdorfer Straße 2, Wohn- und Geschäftshaus, 1885
- Scharnweberstraße 24A / Rahnsdorfer Straße 1, Wohnhaus, 1871, Umbau um 1970
- Scharnweberstraße 25, Mietshaus, 1893 von Gebr. Thieme

- Scharnweberstraße 26, Wohnhaus, 1867 von Thiele Sen.; Hofgebäude, 1878 von H. u. Ewald Lerche, Umbau um 1975
- Scharnweberstraße 27, Wohnhaus, 1861 von Thiele sen.; Anbau, 1865; Werkstattgebäude
- Scharnweberstraße 28, Wohnhaus, 1876
- Scharnweberstraße 29, Wohnhaus, 1888 von H. Lerche
- Scharnweberstraße 30, Wohnhaus, 1888 von H. Lerche
- Scharnweberstraße 31, Wohnhaus mit Nebengebäuden, 1875
- Scharnweberstraße 33, Wohnhaus, 1866
- Scharnweberstraße 34, Garagen um 1930
- Scharnweberstraße 35, Wohnhaus, 1883
- Scharnweberstraße 36-37, Mietshaus, 1907 von H. Carlitscheck
- Scharnweberstraße 38, Wohnhaus, 1868 von William Müller, Umbau 1894 von H. Carlitscheck
- Scharnweberstraße 39, Wohnhaus, 1886
- Scharnweberstraße 41, Mietshaus, um 1900
- Scharnweberstraße 42, Wohnhaus, 1889 von H. Carlitscheck, Umbau um 1975
- Scharnweberstraße 43, Wohnhaus, 1873
- Scharnweberstraße 44, Wohnhaus, mit Seitenflügel und Remise, 1895 von H. Lerche
- Scharnweberstraße 45, Wohnhaus, 1894 von Georg Polland
- Scharnweberstraße 46, Wohnhaus, 1893 von Georg Polland
- Scharnweberstraße 47, Wohnhaus, 1887
- Scharnweberstraße 48, Wohnhaus, 1885
- Scharnweberstraße 49 / Breestpromenade 2, Mietshaus, 1886
- Scharnweberstraße 54, Wohnhaus, 1888 von E. Schrammer
- Scharnweberstraße 55, Wohnhaus, um 1900
- Scharnweberstraße 56, Wohnhaus, 1873 von H. Carlitscheck, Umbau um 1975
- Scharnweberstraße 57, Seitenflügel, 1883
- Scharnweberstraße 58, Hofgebäude, um 1900, Umbau um 1970
- Scharnweberstraße 59, Wohnhaus mit Hofgebäuden, 1873
- Scharnweberstraße 60, 60A, 61, Wohnanlage, 1926 von Eugen Kühn
- Scharnweberstraße 62, Wohnhaus, 1874
- Scharnweberstraße 63, Wohnhaus, Ställe, 1875 von William Müller
- Scharnweberstraße 64, Seitenflügel, 1887 von H. Lerche, Pferdestall mit Kutscherwohnung, 1897
- Scharnweberstraße 65, Wohnhaus, 1892 von H. Carlitscheck, Umbau um 1990
- Scharnweberstraße 66, Wohnhaus, 1889, Umbau um 1970
- Scharnweberstraße 67, Wohnhaus, 1868 von William Müller, erweitert 1873 von William Müller, Umbau um 1990
- Scharnweberstraße 68, Wohnhaus, mit Seitenflügel und Hofgebäude, 1886, Erweiterung 1896
- Scharnweberstraße 69, Wohnhaus,
- Scharnweberstraße 70, Wohnhaus, 1894 (?), Umbau um 1990
- Scharnweberstraße 72, Wohnhaus, 1895
- Scharnweberstraße 73, Wohnhaus, um 1885
- Scharnweberstraße 74, Wohnhaus mit Seitenflügel und Remise, 1888 von H. Carlitscheck
- Scharnweberstraße 75, Wohnhaus, 1889 von Lerche
- Scharnweberstraße 76, Hofgebäude, 1892
- Scharnweberstraße 77, Wohnhaus, 1902
- Scharnweberstraße 78, Wohnhaus, 1890
- Scharnweberstraße 79, Wohnhaus, 1904 von Reinhold Hinze
- Scharnweberstraße 80, Wohnhaus, 1889; Gaststätte, 1895
- Scharnweberstraße 81-82 / Drachholzstraße, Mietshaus, 1907-1909 von H. Loewenthal
- Scharnweberstraße 84-85, Wohnhaus mit Nebengebäuden, 1883 von H. Lerche
- Scharnweberstraße 86, Wohnhaus, 1895 von Gebr. Thieme
- Scharnweberstraße 88, Wohnhaus, 1888
- Scharnweberstraße 89, Wohnhaus, 1872 von H. Carlitscheck
- Scharnweberstraße 90, Schulgebäude und Wohnhaus, 1897-98 von Carl Spuhn
- Scharnweberstraße 92-93, Wohnhaus, 1906 von Paul Hönig
- Scharnweberstraße 94, Wohnhaus, 1866
- Scharnweberstraße 95, Wohnhaus, 1890 von Ewald Gärtner
- Scharnweberstraße 96, Wohnhaus, 1890-91 von Franz Gärtner
- Scharnweberstraße 97, Wohnhaus, 1871
- Scharnweberstraße 98 / Aßmannstraße 63, 1. Gemeindeschule, um 1900, erweitert 1933
- Scharnweberstraße 99, Wohnhaus, 1889 von J. Lerche
- Scharnweberstraße 100, Mietshaus, 1890-91 von H. Carlitscheck
- Scharnweberstraße 101, Wohnhaus, 1888 von H. Carlitscheck
- Scharnweberstraße 102, Wohnhaus, um 1860, Erweiterung 1871
- Scharnweberstraße 103, Wohnhaus, 1875, Umbau um 1970
- Scharnweberstraße 104, Mietshaus, um 1890
- Scharnweberstraße 106, Wohnhaus, 1884 von H. Lerche,
- Scharnweberstraße 107, Wohnhaus, 1883
- Scharnweberstraße 108, Hofgebäude um 1890
- Scharnweberstraße 111, Wohnhaus, 1890, Umbau um 1935
- Scharnweberstraße 112, Wohnhaus, um 1885
- Scharnweberstraße 114, Mietshaus, um 1900
- Scharnweberstraße 115-116, Hofgebäude, um 1890, Umbau um 1970
- Scharnweberstraße 117, Mietshaus, um 1890
- Scharnweberstraße 118, Mietshaus, 1902 von Carlitscheck
- Scharnweberstraße 119, Wohnhaus, 1890 von H. Carlitscheck
- Scharnweberstraße 120, Mietshaus, 1909 von Hugo Abbé
- Scharnweberstraße 121, Wohnhaus, 1875 von W. Schrammer
- Scharnweberstraße 122, Wohnhaus, 1875 von W. Kurfiss
- Scharnweberstraße 123, Wohnhaus, um 1865 von William Müller
- Scharnweberstraße 124 / Müggelseedamm 183

Nicht konstituierende Bestandteile des Ensembles:
- Kastanienallee 16-16A
- Scharnweberstraße 40A
- Scharnweberstraße 50 / Breestpromenade 3
- Scharnweberstraße 51
- Scharnweberstraße 52
- Scharnweberstraße 53
- Scharnweberstraße 71
- Scharnweberstraße 105
- Scharnweberstraße 113

Schönerlinder Straße 1-16, Mietshäuser (D)

Adlershofer Straße 7
Grünauer Straße 18, 22
Bestandteile des Ensembles:
- Adlershofer Straße 7, Mietshaus, 1896 von Carl Mathan (?)
- Grünauer Straße 22, Wohnhaus, 1870
- Schönerlinder Straße 1/Grünauer Straße 18, Mietshaus, 1893-95 von W. Hahn, Gaststättenanbau 1895
- Schönerlinder Straße 2, Mietshaus, 1896-97 von W. Graefel
- Schönerlinder Straße 3, Mietshaus, 1889 von A. Seidel
- Schönerlinder Straße 4, Mietshaus, um 1890
- Schönerlinder Straße 5, Mietshaus, 1894 von Carl Mathan
- Schönerlinder Straße 6, Mietshaus, 1888-89 von Carl Mathan
- Schönerlinder Straße 7, Mietshaus, vor 1889
- Schönerlinder Straße 8, Mietshaus, 1894-95 von W. Graefel
- Schönerlinder Straße 9, Mietshaus, 1895-96 von Carl Mathan

- Schönerlinder Straße 10, Mietshaus, 1889-90 von A. Bösang
- Schönerlinder Straße 11, Mietshaus, 1906 von Hermann Franke
- Schönerlinder Straße 12, Mietshaus, 1887-88 von Friedrich Lahne
- Schönerlinder Straße 13, Mietshaus, 1888
- Schönerlinder Straße 14, Mietshaus, 1890-91 von A. Bösang
- Schönerlinder Straße 15, Mietshaus, 1892 von Carl Mathan
- Schönerlinder Straße 16, Mietshaus, 1892 von A. Seidel

Springeberger Weg 8/10, Kupferhäuser

Baudenkmal siehe: Springeberger Weg 10
Weiterer Bestandteil des Ensembles:
- Springeberger Weg 8, Kupferhaus, um 1930

Wilhelminenhofstraße 66-70, Akkumulatorenfabrik

Ostendstraße 30-35
Baudenkmal siehe: Ostendstraße 30-34; Wilhelminenhofstraße 66-67; Wilheminenhofstraße 69
Weitere Bestandteile des Ensembles:
- Ostendstraße 35, Direktionsvilla, 1913
- Wilhelminenhofstraße 68, Wohnhaus, 1900
- Einfriedung und Pforte, 1921

Denkmalbereiche (Gesamtanlagen)

Adlergestell 778/786, Feuerwache, Straßenbahnhof und Schule, 1900-12 von Kurt Berndt (D) (siehe Ensemble Alt-Schmöckwitz 1-15)

Alter Fischerweg, S-Bahnhof Rahnsdorf, um 1900 von Suadicani; Gleichrichterwerk, 1930 von Richard Brademann

Am Elcknerplatz 20-22, Beamtenwohnhäuser, um 1880

An der Wuhlheide, Waldfriedhof Oberschöneweide, Gemeinschaftsgrab Opfer des Faschismus, Grabstätten: Rathenau, 1903-04 von Alfred Messel; Deul, Engel; Friedhofskapelle und -verwaltung, 1903-04 von Max Stutterheim; Leichenhalle, 1908 von J. Th. Hamacher und 1925 von Gaedicke

An der Wuhlheide, Wasserwerk Wuhlheide mit Werksgarten 1911-16 von Ziesemann
Schlächtersdamm

Bahnhofstraße 48, 50-56, Siedlung
Bahnhofstraße/Hämmerlingstraße, Wohnanlage, 1922-24 von Willy Wagenknecht und Heinrich Peter Kaiser, Erweiterung 1925-27
Annenallee 1A, 2, 2A, 3
Hämmerlingstraße 125/131, 135/137
Kinzerallee 4/16, 3/5, 11/15
Langerhansstraße 1-12, 18-30
Seelenbinderstraße 4/6, 12/14, 7/15

Borgmannstraße 2-3, Johann-und-Anton-Schmaus-Oberschule, Schulgebäude und Turnhalle, 1902-03
Kiekebuschstraße 6

Edisonstraße 30-33, Wohnanlage, 1929-30 von Willy Mühlau
Roedernstraße 17-20
Zeppelinstraße 1/9

Edisonstraße 63, Lampenfabrik Frister, 1897-1900 und 1911-13 von R. Guthmann Nachf., erweitert 1916-17
Wilhelminenhofstraße 87

Firlstraße 10/14, Wohnanlage, 1929-30 von Willy Mühlau
Zeppelinstraße 122/124

Firlstraße 23/25, 4. Gemeindeschule mit Turnhalle, 1897-1900 (D) (siehe Ensemble Firlstraße 17/25)
Plönzeile 1

Friedrichshagener Straße 9, Fabrikanlage der Fotochemischen Werke, Verwaltungs- und Sozialgebäude, 1923-24 von Heinz Müller-Erkelenz; Produktionshallen, 1923-24 von Ilakowski; mit Werksgarten (D)

Fürstenwalder Damm 838, Strandbad Müggelsee, 1929-30 von Martin Wagner und Hennings; mit Terrassengebäude, Eingangshalle, Pförtnerwohnung; Plastik "Maja", Bronzefigur, um 1931 von Fritz Klimsch (D)

Fuststraße 30/50, Wohnanlage, 1929-31 von Willy Mühlau
Edisonstraße 36

Goethestraße 7/17, Wohnanlage, 1929-30 von M. W. Baars
Parsevalstraße 6/14

Grenzbergeweg 38, Heilanstalt der Norddeutschen Holzberufsgenossenschaft (heute Ulmenhof der Stephanusstiftung), Anlage mit Verwaltungsgebäude, Bettenpavillons, Operationssaal und Krankenhaushof, 1894
Fahlenbergstraße 30-35

Griechische Allee 9, Kath. St. Antoniuskirche mit Gemeindehaus, 1906-08 von Wilhelm Fahlbusch; Turmdach, 1977 (D)
Antoniuskirchstraße 5
Roedernstraße 1-2

Helmholtzstraße 5/9, Mietshäuser und Ateliergebäude, 1903-07 von Max Stutterheim (D) (siehe Gartendenkmal Helmholtzstraße 5)

Kottmeierstraße 2/4, 1. Gemeindeschule Oberschöneweide, um 1910 von J. Th. Hamacher (?), mit Doppelturnhalle, 1927 von Gaedicke (D) (siehe Ensemble Firlstraße 17/25)
Firlstraße 17

Lindenstraße 1 (Köpenick), Realgymnasium mit Turnhalle, Aula und Rektorenwohnhaus, 1909-10 von Hugo Kinzer (D)

Lindenstraße 38-41 (Köpenick), Mietshäuser, 1910-11 von Richard Preuss (D)

Löbauer Weg 1/13, Wohnanlage, 1925-29
Fürstenwalder Damm 407/411
Stillerzeile 3/7, 11/27

Mandrellaplatz 6, Stadtbezirksgericht, Zellengefängnis mit

Gedenkstätte, 1899-1901 von Paul Thoemer (D)
Puchanstraße 12

Mentzelstraße 12/14, 18/22, 19/23, Werkssiedlung Spindler, 1873-75 (D)

Mittelheide 5-47, 48/62, 63-108A, Stadtrandsiedlung Mittelheide, 1928-29 von Otto Rudolf Salvisberg; mit Platzflächen, Vorgärten und Gartenhöfen sowie Figurengruppe, 1929 von Willi Ernst Schade
Zu den sieben Raben 15, 16
Uhlenhorster Straße 22/26, 21/25
Sterntalerstraße 60/62

Müggelberge, Wasserwerk Köpenick mit Werktor, Maschinenhaus mit Ausstattung, Filterhaus, Werkstattgebäude, Wohnhaus und Werksgarten, 1906 von Hugo Kinzer (?) (D)
Jagen 404

Müggelseedamm 133, Wohnsiedlung, 1920 von Nerlich
Peter-Hille-Straße 128-134

Müggelseedamm 164-166, Berliner Bürgerbräu, Alter Gär- und Lagerkeller, Bürogebäude; Maschinenhaus, Lagergebäude; Altes Sudhaus mit technischer Einrichtung; Kesselhaus, Kohlenbunker, Elevator-Turm; Wirtschaftsgebäude; Gaststätte Bräustübl mit Saalanbau
Josef-Nawrocki-Straße 2/6
Pfeiffergasse

Müggelseedamm 301-307, 308/310, Wasserwerk Friedrichshagen, 1889-93 von Schultze und Gill; mit Werksgarten (D)

Nalepastraße 10/50, Rundfunkzentrum Nalepastraße, Funkhaus, Studiogebäude, Nebengebäude und Werksgarten, 1951-56 von Franz Ehrlich und Gerhard Probst
Poggendorfweg 2/12
Rummelsburger Landstraße 34/62

Oberspreestraße 173/179, Dorotheenschule (Alexander-von-Humboldt-Schule), Schulgebäude, Turnhalle und Hausmeisterhaus, 1928-29 von Max Taut (D)
Flemmingstraße 38

Ostendstraße 1-4, Nationale Automobil-Gesellschaft, Industrieanlage, Hochbauten und Doppelhalle, 1913-17 von Peter Behrens (D)
Wilhelminenhofstraße

Ottomar-Geschke-Straße 22/32, Wäscherei Spindler, Industrieanlage mit ehem. Warmbadeanstalt, um 1880
Ahornallee 1/11
Ernst-Grube-Straße 26/44, 44A

Peter-Hille-Straße 36, Bildgießerei Gladenbeck und Sohn AG, 1887 (D)
Ahornallee 40

Regattastraße 10, Gasanstalt, um 1890

Richterstraße 11, vier Beamtenwohnhäuser der Reichsbahn, um 1900

Rummelsburger Landstraße 2/12, Kraftwerk Rummelsburg, Maschinenhaus, Kesselhaus, Betriebsgebäude und Pförtnerhaus, 1906-08 von Baubüro der Berliner Elektrizitätswerke, Erweiterung, 1925-29 von Hans Heinrich Müller (D)
Nalepastraße

Salvador-Allende-Straße 2-8, Krankenhaus Köpenick, Verwaltungs- und Krankenhausgebäude mit späterem Anbau, Wirtschaftsgebäude, Isolierhaus, Desinfektions- und Leichenhaus, Teile der Einfriedung und Villa, 1912-13 von Hugo Kinzer

Schloßinsel Köpenick, Schloß Köpenick, 1677-81 von Rutger van Langervelt; Portalbau mit Wachhäusern, 1682; Schloßkirche mit Anbauten 1682-84; Galerieanbau, 1688 von Johann Arnold Nering (D) (siehe Gartendenkmal Schloßinsel Köpenick)

Schönblicker Straße, S-Bahnhof Wilhelmshagen, 1899-1902 von Suadicani und Cornelius

Stellingdamm 15-15A, Städtisches Gaswerk Köpenick, 1899-1900, 1905 von Hugo Kinzer (Architektur) und Firma Julius Pintsch (technischer Entwurf); Verwaltungsgebäude, um 1910; Kohleschuppen, 1905 (1928-29 Umbau als Garage der ABOAG); Büro- und Verwaltungsgebäude, 1905; Neues Ofenhaus, 1905; Uhren- und Reglerhaus, 1905 (1928-29 Umbau zum Werkstattgebäude); Kesselhaus, 1905; Wohnhaus, 1899; Lager, 1899

Stellingdamm 16-51, Wohnsiedlung Elsengrund, 1919-29 von Otto Rudolf Salvisberg, 1. Bauabschnitt 1919-21, 2. Bauabschnitt 1921-1928, 3. Bauabschnitt 1928-29, mit Platzflächen, Vorgärten und rückwärtigen Nutzgärten; Gedenkstein für Johann und Anton Schmaus, Paul von Essen, Erich Janitzky und Johannes Stelling auf dem Essenplatz (D)
Lindenhof 1-12
Elseneck 1-17
Essenplatz 1-18
Heidekrugstraße 6-36, 41-71
Janitzkystraße 23/73, 38/52, 56/70
Schmausstraße 1-84
Uhlenhorster Straße 29-62
Waldburgweg 1-36
Wolfsgartenstraße 1-44
Waldpromenade West 4, Mittelwellensender Köpenick, Hauptgebäude A mit Ausstattung; Antennenanlage mit Mast und Energieleitung, 1952-53 (D)

Wendenschloßstraße 138, Straßenbahnhof, 1903-06 von Hugo Kinzer (D)
Charlottenstraße 25

Wendenschloßstraße 254, Marienhain, Gutshof Bolle und Villa Bolle mit Weinhaus, um 1875 von Carl Bolle (siehe Gartendenkmal Wendenschloßstraße 254)

Wendenschloßstraße 290/292, Meierei Bolle, 1899- um 1905 von Max Kühnlein

Wilhelminenhofstraße 21-23, Mietshäuser, 1897 von Rudolf Goltsch (D)

Wilhelminenhofstraße 76-78, Kraftwerk und Kabelwerk Oberspree, Hallenblock 10 und Halle 11a einschl. der drei Schornsteine (Kraftwerk); Gebäude A5 (Kantine); Halle 9, Gebäude A7; Gebäude A (Drahtfabrik); Halle 23 (Kesselhaus), Hallenblock 1, Gebäude A7 (Gummifabrik); Gebäude A3 (Rohstofflager); Gebäude A6

(Bürogebäude); Gebäude A2; Hallenblock 2 mit Kesselhaus 2, den überlieferten Hallenschiffen und dem Kopfbau; Hallenblock 5 (Kupferwalzwerk); Gebäude A4; Gebäude A9 (Direktionsvilla mit Villengarten); Halle 24; Gebäude A8 mit Halle 6a (Fernmeldekabelfabrik); Hallenblock 4; Hallenblock 7 mit überlieferten Hallenschiffen; Kläranlage Ost; Kran 14 (D)

Wilhelminenhofstraße 78A, Abspannwerk Oberspree, Transformatorenhaus, um 1910, Abspannwerk, 1933-35 von Hans Heinrich Müller (D), Phasenschieberhalle, 1937
Laufener Straße

Wilhelminenhofstraße 83-85, Deutsche Niles-Werkzeugmaschinen-Fabrik (AEG-TRO),
Hallenkomplex 1, 2 ,3, 4, 5, 6, 7, 8, 10, 11, 29, 30, 33, 34, 120; Gebäude Nrn. 27, 59, 60, 61, 70, 76, 77, 79, 85, 89, 1899 von Paul Tropp, um 1915, 1928 von Ernst Ziesel und um 1940 (D)
Edisonstraße 1-8

Wilhelminenhofstraße 89, Gasanstalt, Hochdruckanlage und Werkstattgebäude, 1906 von Heinrich Lehmann (D)

Wilhelminenhofstraße 89A-90, Industrieanlage, Verwaltungsgebäude, 1906; Werkstatt- und Retortengebäude, 1898-99 von Schulz & Schlichting, Umbau 1906 von Heinrich Lehmann (ehemals zur Gasanstalt gehörig) (D)

Zeppelinstraße 11/71, Siedlung Oberschöneweide, 1915 Planung von Peter Behrens, Ausführung 1919-21 von Peter Behrens und J. Th. Hamacher, Erweiterung 1921-23 von Spitzner (D)
An der Wuhlheide 2/22
Fontanestraße 8-12C
Roedernstraße 8-13, 14A, 14B

Zeppelinstraße 73/87, Siedlung Gebag, 1924-1930 von Jean Krämer und Ernst Ziesel
An der Wuhlheide 26/40
Fontanestraße 3-7
Triniusstraße 10-11A

Zeppelinstraße 76/80, Realgymnasium Oberschöneweide, Schule mit Hauptgebäude, Turnhalle und Direktorenwohnhaus, 1910-11 von Hamacher (D)

Baudenkmale

Adlergestell (zwischen Nr. 522 und Nr. 558), Alter Bahnhof Grünau, um 1880

Ahornallee 13, Wohnhaus, 1876 von Magdeburg & Kurfiss (siehe Ensemble Ahornallee 13-15)

Ahornallee 24, Wohnhaus von Erich Mühsam, um 1890 (D)

Ahornallee 38, Villa, 1926 von Friedrich Brinkmann

Ahornstraße 19, Hirsch-Kupferhaus, 1931

Alter Markt 1, Freigut (Heimatmuseum), um 1665 (D) (siehe Ensemble Alt-Köpenick 4/10A...)
Alter Markt 4, Wohnhaus, 1683, 1869; Mietshaus 1886 von L. Mathan (?); Seitengebäude, 1868 von H. Thiele und 1886 von C. Wobelack (D) (siehe Ensemble Alt-Köpenick 4/10A...)
Katzengraben 16

Alter Markt 7, Wohnhaus, um 1715, Umbau 1853 (D) (siehe Ensemble Alt-Köpenick 4/10A...)

Alter Markt 9, Mietshaus, 1894 von F. Pfeiffer (D) (siehe Ensemble Alt-Köpenick 4/10A...)

Alter Markt 10, Wohnhaus, um 1680, Schmiede, 1907 von Gustav Haffmann (D) (siehe Ensemble Alt-Köpenick 4/10A...)

Alt-Köpenick, St. Laurentiuskirche, 1838-41 von Butzke; mit umgebender Freifläche (D) (siehe Ensemble Alt-Köpenick 4/10A...)
Kirchstraße
Laurenzstraße

Alt-Köpenick 10, Wohnhaus, 1712 unter Verwendung älterer Substanz; Zigarrenfabrik, 1896 von Friedrich Lahne (D) (siehe Ensemble Alt-Köpenick 4/10A...)

Alt-Köpenick 13, Wohnhaus, um 1700, Umbau um 1850; Seitengebäude, 1852 von Thiele sen., 1935 von Werner Bauch (D) (siehe Ensemble Alt-Köpenick 4/10A...)
Laurenzstraße 1, 1A

Alt-Köpenick 15, Andersonsches Palais, Wohnhaus, um 1770 (D) (siehe Ensemble Alt-Köpenick 4/10A...)

Alt-Köpenick 21/29, Rathaus Köpenick, 1901-04 von Schütte und Kinzer, Erweiterungen 1926-27 und 1936-39 (D) (siehe Ensemble Alt-Köpenick 4/10A...)
Böttcherstraße
Rosenstraße

Alt-Köpenick 36, Wohnhaus, 1616, Umbauten 1728 und 1934 (D) (siehe Ensemble Alt-Köpenick 4/10A...)

Alt-Köpenick 38, Wohnhaus, 1718 (D) (siehe Ensemble Alt-Köpenick 4/10A...)
Alt-Müggelheim 3, Wohnhaus, 3. Viertel 19. Jh., Fachwerkscheune um 1790, Erweiterung um 1840 (D) (siehe Ensemble Alt-Müggelheim 1-22)

Alt-Müggelheim 5, Wohnhaus, Ställe und Scheune, um 1860 (D) (siehe Ensemble Alt-Müggelheim 1-22)

Alt-Müggelheim 9, Wohnhaus, Scheune und Ställe, 2. Viertel 19. Jh. (D) (siehe Ensemble Alt-Müggelheim 1-22)

Alt-Müggelheim 21, Schule, 1890, Umbau um 1900 (D) (siehe Ensemble Alt-Müggelheim 1-22)

Alt-Müggelheim 22, Dorfkirche, 1803-04 von Berger (D) (siehe Ensemble Alt-Müggelheim 1-22)

Alt-Schmöckwitz, Dorfkirche Schmöckwitz mit Innenausstattung, 1799 von Abraham Bocksfeld (D) (siehe Ensemble Alt-Schmöckwitz 1-15)

Alt-Schmöckwitz 5, Wohnhaus, 1. Viertel 19. Jh.; Seitenflügel, um

1925 (D) (siehe Ensemble Alt-Schmöckwitz 1-15)

Alt-Schmöckwitz 10, Wohnhaus, um 1860 (siehe Ensemble Alt-Schmöckwitz 1-15)

Am Generalshof 1A, Ev. Gemeindehaus, 1927-28 von Otto Firle (D)

Am Goldmannpark 10, Wohnhaus, 1890 von R. Schulz (D)

Am Goldmannpark 17, Wohnhaus, 1869 von William Müller

Am Goldmannpark 25, Wohnhaus, 1861-71 von Thiele sen. & Carlitscheck (D)

An der Wuhlheide 192/194, Bootshaus Elektra mit Gartenanlage, 1910-12 von Peter Behrens (D)

An der Wuhlheide 236/238, Villa, um 1880

Aßmannstraße 11, Realgymnasium, 1905 v. Jürgensen & Bachmann (D)
Aßmannstraße 52, Wohnhaus, um 1870

Aßmannstraße 54, Wohnhaus, 1872 von William Müller (D)

(Bahnhofstraße, S-Bahnhof Köpenick, Bahnhofsgebäude, Bahnsteig und Brücke über die Bahnhofstraße, um 1900 von Suadicani und Cornelius

Bahnhofstraße 4, Mietshaus, 1901 von Hermann Kalbitz (D)

Bahnhofstraße 19, Wohn- und Geschäftshaus, um 1925
Parrisiusstraße 1

Bahnhofstraße 63-65, Ötting- oder Kathreiner-Villa mit Villengarten, um 1880

Bendigstraße 9, Villa, um 1900

Bölschestraße, Christophoruskirche, 1901-1903 von Jürgen Kröger (D) (siehe Ensemble Bölschestraße 3-136)

Bölschestraße 6, Wohnhaus, 1873 von H. Carlitscheck; Nebengebäude, 4. Viertel 19. Jh. (D) (siehe Ensemble Bölschestraße 3-136)

Bölschestraße 25, Wohn- und Geschäftshaus, 1891 von H. Carlitscheck (D) (siehe Ensemble Bölschestraße 3-136)

Bölschestraße 27-28, Wohn- und Geschäftshaus, 1911 (D) (siehe Ensemble Bölschestraße 3-136)

Bölschestraße 58, Wohnhaus mit Garten, 1872 von William Müller (D) (siehe Ensemble Bölschestraße 3-136)

Bölschestraße 66, Wohn- und Geschäftshaus, 1895 von H. Carlitscheck (D) (siehe Ensemble Bölschestraße 3-136)

Bölschestraße 83, Wohnhaus, 1871 von H. Carlitscheck; Nebengebäude, um 1900 (D) (siehe Ensemble Bölschestraße 3-136)

Bölschestraße 84-85, Wohn- und Geschäftshaus, 1908 von H. Carlitscheck; Seitenflügel, 1903; Remise, um 1920 (D) (siehe Ensemble Bölschestraße 3-136)

Bölschestraße 87, Rathaus, Polizeirevier, 1897-99 von Jürgen Kröger (D) (siehe Ensemble Bölschestraße 3-136)

Bölschestraße 115, Wohnhaus mit Fachwerkschuppen, 1. Hälfte 19. Jh. (D) (siehe Ensemble Bölschestraße 3-136)

Bölschestraße 116, Wohn- und Geschäftshaus, 1895-96, Umbau 1905 von Jürgensen & Bachmann; Gartenhaus, 1900 von P. Zademack (D) (siehe Ensemble Bölschestraße 3-136)

Breestpromenade 12, Sitz des Gemeindevorstehers, Wohnhaus, 1876 von William Müller (D)

Bruno-Wille-Straße 8, Wohnhaus, um 1890 (D)

Dorfstraße (Rahnsdorf), Dorfkirche, 1886-87 von Friedrich Adler (siehe Ensemble Dorfstraße 2H-21)

Dorfstraße (Rahnsdorf), Dorfschule, um 1890 (siehe Ensemble Dorfstraße 2H-21)

Dorfstraße 12 (Rahnsdorf), Wohnhaus mit Stall, nach 1872 (siehe Ensemble Dorfstraße 2H-21)

Edisonstraße 15, Villa Deul (Falken-Apotheke), 1893 von Carl Deul, Umbau zu Apotheke 1916

Edisonstraße 62, Mietshaus, 1899
Wilhelminenhofstraße 15

Ernst-Grube-Straße 16/20, Holzhaus, 1926 von der Wolgaster Holzhäuser-Gesellschaft

Fährallee 1, Eiskeller, um 1880

Färberstraße 17/19, Doppelhaus der Werkssiedlung Spindler, 1887 (D)

Firlstraße, Ev. Christuskirche, 1906-08 von Gause & Leibnitz (D) (siehe Gartendenkmal Firlstraße)

Firlstraße 16, Gemeindehaus, 1926-28 von Albert Eveking
Griechische Allee 53

Firlstraße 22, Mietshaus, 1905-06 von Friedrich Richter (D)

Freiheit 1, Wohn- und Geschäftshaus, 1905 von Albert Eveking und Joseph Schewe (D) (siehe Ensemble Alt-Köpenick 4/10A...)

Freiheit 12, Seidenmanufaktur, 1775; Großwäscherei, 1903 (D) (siehe Ensemble Alt-Köpenick 4/10A...)

Freiheit 12A-B, Seidenmanufaktur, um 1788; Putztuchfabrik, 1909 von Lahne & Bauch (D) (siehe Ensemble Alt-Köpenick 4/10A...)

Freiheit 14, Pfarrhaus der Ev. Schloßkirchengemeinde, 1854 (D) (siehe Ensemble Alt-Köpenick 4/10A...)

Freiheit 15, Mädchen-Mittelschule mit Turnhalle, 1907 (D) (siehe Ensemble Alt-Köpenick 4/10A...)

Freiheit 16, Amtsgericht und Gefängnis, 1878-79 (D) (siehe Ensemble Alt-Köpenick 4/10A...)

Friedrichshagener Straße 6, Kalkbrandofen, 1890 (D)

Friedrichshagener Straße 11-12, C. J. Vogel Draht- und Kabelwerke AG, 1916-20 von der Bau-Uniongesellschaft auf Actien

Friedrichshagener Straße 40, Gärtnerhaus des Schlosses Bellevue, um 1770

Fürstenwalder Allee (vor Nr. 26), Gedenkstein für die Freiheitskriege, 1918 (D)

Fürstenwalder Allee 93, Friedhofskapelle, um 1910 von Jürgensen & Bachmann
Heidelandstraße 34

Fürstenwalder Damm, S-Bahnhof Friedrichshagen mit Bahnhofshalle, 1899-1902 von Suadicani und Cornelius (D)
Dahlwitzer Landstraße

Fürstenwalder Damm 444, Villa, 1874 von William Müller (D)

Fürstenwalder Damm 474, Wohnhaus, nach 1875 (D)

Fürstenwalder Damm 475, Wohnhaus, 1890 von F. Hinze

Gaußstraße 1, Gemeindeschule und Oberschule, 1906-07 von J. Th. Hamacher
Keplerstraße 10

Griechische Allee 14, Mietshaus, 1909-11 von Emil Brandau u.a. (D)
Parsevalstraße 2-4

Griechische Allee 22, Postamt Oberschöneweide, 1909-10 von Struve (D)
Schillerpromenade 1

Grünauer Straße, Grünauer Brücke über den Teltowkanal, um 1905

Grünauer Straße 57/59, Gießerei, um 1890

Hahns Mühle 12, Bootshaus, 1912 von Franz Abbé

Hochlandstraße 64, Ev. Friedhof Berlin-Wilhelmshagen, Abt. C, Reihe 9, Grabstätte Gramatté, 1929 von Alois Scherhag (D)

Josef-Nawrocki-Straße 10, Villa, um 1875

Josef-Nawrocki-Straße 11, Depot der Dampfstraßenbahn und Pferdebahn, 1891 von Georg von Kreyfeld

Josef-Nawrocki-Straße 32, Wohnhaus, 1887 von E. Schrammer (D) und Gartenhaus von 1906

Kanalstraße 21, Villa, 1912 von Carl Krell

Kanalstraße 30, Villa, 1896-97
Kurze Straße

Kastanienallee 9, Wohnhaus Bruno Wille, 1891 von E. Schrammer (D)

Katzengraben 3, Mietshaus, 1765 (D) (siehe Ensemble Alt-Köpenick 4/10A...)

Katzengraben 9, Mietshaus mit Seitenflügel, 1863 von H. Thiele (D) (siehe Ensemble Alt-Köpenick 4/10A...)

Katzengraben 11, Wohnhaus, 1755, Umbau 1869 von H. Thiele (D) (siehe Ensemble Alt-Köpenick 4/10A...)

Katzengraben 14, Wohnhaus, 1683, Umbau 1863 (D) (siehe Ensemble Alt-Köpenick 4/10A...)

Katzengraben 19, Wohnhaus, 1837 von Weinziehr; Dampfwäscherei, 1904 von Heinrich Timm (D) (siehe Ensemble Alt-Köpenick 4/10A...)
Spindlergasse

Kietz 6, Fischerhaus, 2. Viertel 18. Jh. (D) (siehe Ensemble Kietz 3-28)

Kietz 12, Fischerhaus, 2. Hälfte 18. Jh., Umbau 1871 von C. Buckow; Nebengebäude 1871-76 (D) (siehe Ensemble Kietz 3-28)

Kietz 19, Fischerhaus, um 1710, Umbau um 1850; Nebengebäude, 4. Viertel 19. Jh. (D) (siehe Ensemble Kietz 3-28)

Kietz 21, Fischerhaus, 4. Viertel 18. Jh., Umbau 1826; Nebengebäude, 4. Viertel 19. Jh. (D) (siehe Ensemble Kietz 3-28)

Kietz 27, Fischerhaus, 1727 (D) (siehe Ensemble Kietz 3-28)

Kietzer Straße 4, Wohn- und Geschäftshaus, 1897 von Friedrich Lahne (D) (siehe Ensemble Alt-Kopenick 4/10A...)

Kirchstraße 4, Pfarrhaus der St. Laurentiusgemeinde, 1901 von Werner Bauch (D) (siehe Ensemble Alt-Köpenick 4/10A...)

Kochelseestraße, Friedenskirche, 1904-06 von v. Tiedemann & Walther
Eibseestraße
Lindenstraße 20 (Rahnsdorf), Wohnhaus, um 1905 (siehe Ensemble Lindenstraße 20-22)

Lindenstraße 33 (Köpenick), Elektrischer Stützpunkt Köpenick, 1928-29 von Hans Heinrich Müller

Lindenstraße 35 (Köpenick), Fabrikantenvilla, nach 1871

Lindenstraße 42 (Köpenick), Postamt und Paketamt, 1892-93 von E. W. J. Zimmermann, Erweiterung 1906 (D)

Lindenstraße 44 (Köpenick), Villa, 1875, Umbau 1880 von C. Schubert (D)

Lutherstraße 1/3, Schweizerhaus, 1903 von G. Bruchmann (D)

Möllhausenufer 2-4, Wohnhaus mit Vorgarten und Terrasse, 1926-27 von Heinrich Möller

Müggelberge, Müggelturm mit Café- bzw. Restaurantanlage, 1960-61 von Jörg Streitparth, Siegfried Wagner und Klaus Weißhaupt
Jagen 411

Müggelheimer Straße, Lange Brücke über die Dahme, 1890 von G. Tolkemitt (D)
Oberspreestraße

Müggelseedamm 8/10, Villa mit Fachwerkremise, 1874 von Eduard Titz (D) (siehe Gartendenkmal Müggelseedamm 8/10)

Müggelseedamm 131, Gießerei Oskar Gladenbeck, um 1898

Müggelseedamm 132, Villa Oskar Gladenbeck, Seitenflügel, Einfriedung und Villengarten, 1888 von E. Schrammer

Müggelseedamm 134, Wohnhaus, 1853 (D)

Müggelseedamm 148, Wohnhaus, 1872 von H. Carlitscheck, Seitengebäude, um 1900, Erweiterung 1904, Schornstein des Sägewerks (D)

Müggelseedamm 182, Wohnhaus, um 1855, Umbau 1874, Wohnhaus, 1875 von A. Carlitscheck
Müggelseedamm 208, Fabrik, um 1880

Müggelseedamm 218, Wohnhaus, um 1875

Müggelseedamm 226, Villa, 1896 von August Röhr

Müggelseedamm 237, Mietshaus, 1903 von R. Abbé (D)

Müggelseedamm 240, Landhaus, um 1900

Müggelseedamm 246, Villa, 1903 von W. Hahn

Müggelseedamm 254, Wohnhaus von W. Bölsche, 1903 von Gottlieb Böttcher (D)

Müggelseedamm 310, Institut für Fischereiwesen und Fischzucht mit Werksgarten, 1893 (D)

Mühlenweg, Mühlsteine der Rahnsdorfer Mühle (D)
Fürstenwalder Allee

Nalepastraße 203/209, 6. und 7. Gemeindeschule Oberschöneweide, 1912 von J. Th. Hamacher

Nixenstraße 2, Bootshaus, 1910 von Emil Frey

Odernheimer Straße, Gaststätte Neu-Helgoland, um 1895
Jagen 183

Ostendorfstraße 60, Villa, 1924 von Jean Krämer

Ostendstraße 30-34, Einbauhalle, 1925-26 von Jean Krämer (siehe Ensemble Wilhelminenhofstraße 66-70)

Peter-Hille-Straße 78, Ratswaage, 4. Viertel 19. Jh. (D)
Aßmannstraße

Platz des 23. April, Umformerstation und Bedürfnisanstalt, 1903 von Hugo Kinzer (?) (D)

Platz des 23. April, Abwasserpumpwerk Köpenick 1a, 1906-07 von Hugo Kinzer (D)

Platz des 23. April, Mahnmal für die Opfer der Köpenicker Blutwoche, 1966-70 von Walter Sutkowski (D)

Regattastraße 82/86, Gemeindeschule Grünau, 1900-1902 von E. Schrammer

Regattastraße 94, Wohnhaus, um 1885 (D)

Regattastraße 152, Hirtenhaus, um 1770; Wohnhaus, um 1875

Regattastraße 158, Gehöft; Wohnhaus, Ställe, Scheunen, Hofpflasterung, einschließlich Café Liebig, um 1890 (D)

Regattastraße 161, Gaststätte Riviera, 1895, Erweiterung 1900 (D)

Regattastraße 167, Gesellschaftshaus Grünau, 1897-98 (D)

Regattastraße 170, Gehöft mit Bauernhaus, Ställen und Pflasterung, um 1880

Regattastaße 231, Bootshaus, um 1905

Regattastraße 237/239, Bootshäuser, 1902 von Spalding & Loebell

Regattastraße 245, Yachtclub Grünau, Boots- und Vereinshaus um 1914-15 von Ernst Thielebier

Regattastraße 273-277, Bootshaus, 1929-30 von Otto Zbrzezny
Schappachstraße 16, Villa Schappach, 1895; Remise 1907 (D)

Schappachstraße 27, Wohnhaus, 1895 (D)

Schillerpromenade 11-12, Mietshaus, 1922-23 von Jean Krämer

Schonungsberg, Gefallenendenkmal, 1927-29 von Kurt Lange und Otto Wenzel; 1955 Umwidmung für die Opfer des Faschismus
Kolpiner Weg

Schönblicker Straße, Taborkirche, 1910-11 von Jürgensen & Bachmann (D) (siehe Gartendenkmal Schönblicker Straße)
Seelenbinderstraße 21, Wohn- und Geschäftshaus, vor 1930 von Heinrich Möller

Seelenbinderstraße 91/99, Polizeidienstschule, 1930-31 von Conrad Beckmann (D)

Siemensstraße 22, Spritzenhaus, Feuerwache, 1899 von Heinrich Lehmann

Siemensstraße, Stubenrauchbrücke, 1908-09 von Karl Bernhard
Karlshorster Straße (Treptow)

Slevogtweg 5/9, Wohnhaus, 1914-15 von K. Schramm (D)

Springeberger Weg 10, Kupferhaus, um 1930 (siehe Ensemble Springeberger Weg 8/10)

Waldstraße (vor Nr. 24), Waldkapelle "Zum anklopfenden Christus", 1910 von Jürgensen & Bachmann

Weg zur Quelle 9, Villa mit Turm und Remisen, um 1880

Wendenschloßstraße 93, Abwasserpumpwerk Köpenick I, 1906 von Hugo Kinzer (D)

Wernsdorfer Straße 27, Jagdhaus Schmöckwitz, 1702 von Martin Grünberg, Umbau um 1925 (D)

Westendstraße 4/6, Doppelhaus, 1912-13 von den Gebrüder Vobach (D)

Wiebelskircher Weg 22/24, Doppelhaus, um 1895

Wiebelskircher Weg 66, Villa, 1905-06 von August Meißer

Wilhelminenhofstraße 46, Mietshaus mit Seitenflügel und Gartenmauern, 1905 von Klemm (D)

Wilhelminenhofstraße 66-67, Arbeiterwohlfahrtsgebäude, 1912-13 von Felix Lindhorst (siehe Ensemble Wilhelminenhofstraße 66-70)

Wilhelminenhofstraße 69, Verwaltungsgebäude der Akkumulatorenfabrik Oberspree, 1899 (siehe Ensemble Wilhelminenhofstraße 66-70)

Wißlerstraße 2, Villa, um 1899
Weg zur Quelle 13

Gartendenkmale

An der Wuhlheide, Pionierpark Ernst Thälmann, Freizeit- und Erholungspark, Wegeachse zur Freilichtbühne, Freilichtbühne und Badesee mit Liegewiese, 1951 von Reinhold Lingner (?) (D)

An der Wuhlheide, Volkspark, 1923, 1930er Jahre von Ernst Harrich

Aßmannstraße 12, Friedhof Friedrichshagen, 1831-32 angelegt, 1875 und 1895 erweitert (D); mit Kapelle, 1904-05; Portal, 1934 von Friedrich Brinkmann; einschließlich Grabmal J. Bobrowski, 1965 von W. Förster (D)
Peter-Hille-Straße 86/100

Borgmannstraße 7, Hofanlage, um 1900

Dahlwitzer Landstraße, Kurpark Friedrichshagen mit Freilichtbühne und Senkgarten, um 1880, 1930 von Mattheiem

Firlstraße, Kirchplatz an der Christuskirche, 1907-08 von Robert Leibnitz (?); Denkmal, um 1920 (siehe Baudenkmal Firlstraße, Kirche)

Friedrichshagener Straße, Bellevuepark, um 1750, um 1900

Geschwister-Scholl-Straße, Sowjetisches Ehrenmal mit Grünanlage, um 1950

Gosener Landstraße, Friedhof, um 1955 von Oskar Köster

Helmholtzstraße 5, Gartenhof, 1903 von Max Stutterheim (?) (D) (siehe Gesamtanlage Helmholtzstraße 5/9)

Hirteplatz, Platzanlage mit Obelisk, 1870, 1895

Josef-Nawrocki-Straße, Müggelpark, 1920-21, 1950 (?); mit Spreetunnel, 1926-27 von Sievers; Plastiken von Theo Balden und Inge Hunzinger; Bedürfnisanstalt, um 1925 (D)

Müggelheimer Damm, Volkspark Köpenick, 1928-29 von Erwin Barth, Umgestaltungen und Reduzierung 1970er und 1980er Jahre, (D) Teilwiederherstellung 1995-96

Müggelseedamm 8/10, Villengarten, 1874 von Eduard Titz (siehe Baudenkmal Müggelseedamm 8/10)

Müggelseedamm 258, Villengarten, um 1925

Pflanzgartenplatz, Freiflächen der Landhauskolonie Uhlenhorst, Parkanlage, Straßen und Wege, Beleuchtung, Straßenbepflanzung, 1910-18 von Wilhelm Liefert und Erich Peters (?)
Dammheidestraße
Güldenauer Weg (ab Kleinschewskistraße)
Pflanzgartenstraße
Unter den Birken

Rudower Straße 23, Friedhof der Laurentiusgemeinde, Anlage von 1811 mit Erweiterung von 1891, Friedhof einschließlich Eingangssituation mit Grabmal C. Schmid, gest. 1700, und Grabmal Chr. Römer, gest. 1701; Grabmal Chr. Frankenberg, gest. 1786 und Franz Adam Frankenberg, gest. 1799; Mausoleum in Park III, um 1820; Grabmal Johann Bernoulli, um 1830; Glockenstuhl mit Glocke, gegossen 1561 von Andreas Moldenhauer; Grabmal Langerhans, um 1920 (D)
Adlershofer Straße

Schloßinsel Köpenick, Park- und Gartenanlage, 1677, 1804, 1963, 1970er Jahre von Helmut Lichey (D) (siehe Gesamtanlage Schloßinsel Köpenick)

Schönblicker Straße, Freifläche um die Taborkirche, 1910-11 von Jürgensen & Bachmann (siehe Baudenkmal Schönblicker Straße, Kirche)

Wendenschloßstraße 254, Marienhain, Villengarten Bolle, Gutshof und gepflasterte Zufahrt mit Rahmenpflanzungen, um 1880 (siehe Gesamtanlage Wendenschloßstraße 254)

Wilhelminenhofstraße 6, Hof, um 1910 von Heinrich Lehmann

Gesetz zum Schutz von Denkmalen in Berlin (Denkmalschutzgesetz Berlin - DSchG Bln) Vom 24. April 1995

Erster Abschnitt

Aufgaben, Gegenstand und Organisation des Denkmalschutzes

§ 1 Aufgaben

(1) Es ist Aufgabe von Denkmalschutz und Denkmalpflege, Denkmale nach Maßgabe dieses Gesetzes zu schützen, zu erhalten, zu pflegen, wissenschaftlich zu erforschen und den Denkmalgedanken und das Wissen über Denkmale zu verbreiten.

(2) Die Belange des Denkmalschutzes und der Denkmalpflege sind in die städtebauliche Entwicklung, Landespflege und Landesplanung einzubeziehen und bei öffentlichen Planungen und Maßnahmen angemessen zu berücksichtigen.

§ 2 Begriffsbestimmungen

(1) Denkmale im Sinne dieses Gesetzes sind Baudenkmale, Denkmalbereiche, Gartendenkmale sowie Bodendenkmale.

(2) Ein Baudenkmal ist eine bauliche Anlage oder ein Teil einer baulichen Anlage, deren oder dessen Erhaltung wegen der geschichtlichen, künstlerischen, wissenschaftlichen oder städtebaulichen Bedeutung im Interesse der Allgemeinheit liegt. Zu einem Baudenkmal gehören sein Zubehör und seine Ausstattung, soweit sie mit dem Baudenkmal eine Einheit von Denkmalwert bilden.

(3) Ein Denkmalbereich ist eine Mehrheit baulicher Anlagen oder Grünanlagen (Ensemble, Gesamtanlage) sowie Straßen-, Platz- und Ortsbilder sowie Siedlungen einschließlich der mit ihnen verbundenen Frei- und Wasserflächen, deren Erhaltung aus in Absatz 2 genannten Gründen im Interesse der Allgemeinheit liegt, und zwar auch dann, wenn nicht jeder einzelne Teil des Denkmalbereichs ein Denkmal ist.

(4) Ein Gartendenkmal ist eine Grünanlage, eine Garten- oder Parkanlage, ein Friedhof, eine Allee oder ein sonstiges Zeugnis der Garten- und Landschaftsgestaltung, deren oder dessen Erhaltung aus in Absatz 2 genannten Gründen im Interesse der Allgemeinheit liegt. Zu einem Gartendenkmal gehören sein Zubehör und seine Ausstattung, soweit sie mit dem Gartendenkmal eine Einheit von Denkmalwert bilden.

(5) Ein Bodendenkmal ist eine bewegliche oder unbewegliche Sache, die sich im Boden oder in Gewässern befindet oder befunden hat und deren Erhaltung aus in Absatz 2 genannten Gründen im Interesse der Allgemeinheit liegt.

§ 3 Bodendenkmale

(1) Wer ein Bodendenkmal entdeckt, hat die Arbeiten an der Fundstelle sofort einzustellen und die Entdeckung unverzüglich der unteren Denkmalschutzbehörde anzuzeigen. Zur Anzeige verpflichtet sich der Entdecker und der Verfügungsberechtigte; wird das Bodendenkmal bei der Durchführung eines Bauvorhabens entdeckt, so ist auch der Bauleiter zur Anzeige verpflichtet. Der Fund und die Fundstelle sind bis zum Ablauf von vier Werktagen nach der Anzeige in unverändertem Zustand zu belassen. Die oberste Denkmalschutzbehörde kann diese Frist angemessen verlängern, wenn die sachgerechte Untersuchung oder die Bergung des Bodendenkmals dies erfordert. Ist das Bodendenkmal bei laufenden Arbeiten entdeckt worden, soll die Frist von vier Werktagen nur überschritten werden, wenn der Betroffene hierdurch nicht wirtschaftlich unzumutbar belastet wird. Die zuständige Denkmalbehörde ist unbeschadet des Eigentumsrechts berechtigt, den Bodenfund auszuwerten und, soweit es sich um bewegliche Bodendenkmale handelt, zu bergen und zur wissenschaftlichen Bearbeitung in Besitz zu nehmen, grundsätzlich jedoch nicht länger als sechs Monate vom Eingang der Anzeige an gerechnet.

(2) Bewegliche Bodendenkmale, deren Eigentümer nicht mehr zu ermitteln sind, werden mit der Entdeckung Eigentum des Landes Berlin.

(3) Das Graben nach Bodendenkmalen bedarf unbeschadet sonstiger Erlaubnisse der Genehmigung der zuständigen Denkmalbehörde. Die Genehmigung ist zu versagen, wenn nicht Gewähr dafür gegeben ist, daß die Durchführung der Grabung dem Schutze und der Pflege der Bodendenkmale gerecht wird.

(4) Abgegrenzte Flächen, in denen Bodendenkmale vorhanden sind oder vermutet werden, kann die zuständige Senatsverwaltung durch Rechtsverordnung zu Grabungsschutzgebieten erklären. In Grabungsschutzgebieten bedürfen Arbeiten, die Bodendenkmale zu Tage fördern oder gefährden können, der Genehmigung der zuständigen Denkmalbehörde. § 13 gilt entsprechend. Eine bisherige land- und forstwirtschaftliche Nutzung bleibt ohne Genehmigung zulässig, sofern sie bodendenkmalverträglich ist.

§ 4 Denkmalliste

(1) Denkmale sind nachrichtlich in ein öffentliches Verzeichnis (Denkmalliste) einzutragen. Bewegliche Bodendenkmale im Eigentum staatlicher oder kommunaler Museen und Sammlungen sind nur in den dort zu führenden Inventaren einzutragen.

(2) Die Eintragung erfolgt von Amts wegen oder auf Anregung des Verfügungsberechtigten. Eintragungen in den Denkmallisten werden von Amts wegen oder auf Anregung des Verfügungsberechtigten gelöscht, wenn die Eintragungsvoraussetzungen entfallen sind. Dies gilt nicht, wenn die Wiederherstellung eines Denkmals angeordnet ist. Die Verfügungsberechtigten werden umgehend von der Eintragung sowie der Löschung unterrichtet.

(3) Die Denkmallisten werden ortsüblich bekannt gemacht. Die Einsicht in die Denkmalliste ist jedermann gestattet.

§ 5 Denkmalfachbehörde

(1) Denkmalfachbehörde ist eine der zuständigen Senantsverwaltung nachgeordnete Behörde.

(2) Der Denkmalfachbehörde obliegen insbesondere folgende Aufgaben:

1. Mitwirkung beim Vollzug dieses Gesetztes und nach Maßgabe weiterer einschlägiger Bestimmungen,
2. systematische Erfassung von Denkmalen (Inventarisierung) und Erstellen einer Denkmaltopographie sowie deren Veröffentlichung,
3. nachrichtliche Aufnahme von Denkmalen in ein Verzeichnis (Denkmalliste) und dessen Führung,
4. wissenschaftliche Untersuchungen der Denkmale und Unterhaltung denkmalfachlicher Sammlungen als Beitrag zur Landesgeschichte,
5. Beratung und Unterstützung der Eigentümer und Besitzer von Denkmalen bei Pflege, Unterhaltung und Wiederherstellung,
6. Hinwirken auf die Berücksichtigung von Denkmalen bei der städtebaulichen Entwicklung,
7. Herausgabe von Rundschreiben zur Pflege von Denkmalen,
8. fachliche Beratung und Erstattung von Gutachten in allen Angelegenheiten der Denkmalpflege,
9. Vergabe von Denkmalpflegezuschüssen,
10. Veröffentlichung und Verbreitung von denkmalfachlichen Erkenntnissen,
11. Vertretung öffentlicher Belange des Denkmalschutzes und der Denkmalpflege,
12. Wahrnehmung von Ordnungsaufgaben nach diesem Gesetz, soweit Aufgaben der Hauptverwaltung,
13. Entscheidung über die Zustimmung nach § 6 Abs. 5 Satz 1.

§ 6
Denkmalschutzbehörde

(1) Den Denkmalschutzbehörden als Sonderordnungsbehörden obliegt der Schutz der Denkmale im Sinne des § 2 Abs. 1.

(2) Oberste Denkmalschutzbehörde ist die zuständige Senatsverwaltung.

(3) Untere Denkmalschutzbehörden sind die Bezirksämter; sie sind für alle Ordnungsaufgaben nach diesem Gesetz zuständig, soweit nichts anderes bestimmt ist.

(4) Der Stiftung Preußische Schlösser und Gärten Berlin-Brandenburg obliegen in bezug auf denkmalgeschütztes Stiftungsvermögen die Aufgaben einer unteren Denkmalschutzbehörde nach Absatz 3. Absatz 5 gilt entsprechend.

(5) Die unteren Denkmalschutzbehörden entscheiden im Einvernehmen mit der Denkmalfachbehörde. Das Einvernehmen gilt als hergestellt, wenn nicht innerhalb von drei Monaten eine Stellungnahme der Denkmalfachbehörde vorliegt. Kommt kein Einvernehmen zustande, so entscheidet die oberste Denkmalschutzbehörde . Bei Gefahr im Verzug können die unteren Denkmalschutzbehörden vorläufig ohne Einvernehmen mit der Fachbehörde zum Schutze der Denkmale entscheiden. In diesen Fällen ist eine einvernehmliche Entscheidung mit der Fachbehörde unverzüglich nachzuholen. Satz 3 gilt entsprechend.

§ 7
Landesdenkmalrat

(1) Der Landesdenkmalrat berät das zuständige Mitglied des Senats. In allen Angelegenheiten von grundsätzlicher Bedeutung ist er zu hören.

(2) In den Landesdenkmalrat werden auf Vorschlag des zuständigen Mitglieds des Senats vom Senat für die Dauer von vier Jahren zwölf Mitglieder berufen. Der Landesdenkmalrat soll sich aus Vertretern der Fachgebiete der Denkmalpflege, der Geschichte und der Architektur sowie paritätisch aus sachberührten Bürgern und Institutionen Berlins zusammensetzen.

(3) Die Mitglieder des Landesdenkmalrates sind ehrenamtlich tätig. Sie sind an Weisungen nicht gebunden.

(4) Der Landesdenkmalrat wählt aus seiner Mitte den Vorsitzenden und dessen Stellvertreter.

(5) Das Nähere regelt die Geschäftsordnung des Landesdenkmalrates, die vom Senat erlassen wird.

Zweiter Abschnitt

Allgemeine Schutzvorschriften

§ 8
Erhaltung von Denkmalen

(1) Der Verfügungsberechtigte ist verpflichtet, ein Denkmal im Rahmen des Zumutbaren instand zu halten und instand zu setzen, es sachgemäß zu behandeln und vor Gefährdungen zu schützen. Mängel, die die Erhaltung des Denkmals gefährden, hat er der zuständigen Denkmalbehörde unverzüglich anzuzeigen.

(2) Der Verfügungsberechtigte kann durch die zuständige Denkmalbehörde verpflichtet werden, bestimmte Maßnahmen zur Erhaltung des Denkmals durchzuführen. Kommt der Verfügungsberechtigte seiner Verpflichtung nach Absatz 1 Satz 1 nicht nach und droht hierdurch eine unmittelbare Gefahr für den Bestand eines Denkmals, kann die zuständige Denkmalbehörde die gebotenen Maßnahmen selbst durchführen oder durchführen lassen. Der Verfügungsberechtigte kann im Rahmen des Zumutbaren zur Erstattung der entstandenen Kosten herangezogen werden. Mieter, Pächter und sonstige Nutzungsberechtigte haben die Durchführung der Maßnahmen zu dulden.

(3) Für Denkmale kann die Erstellung von Denkmalpflegeplänen durch den Verfügungsberechtigten von der zuständigen Denkmalbehörde angeordnet werden, sofern dies zur dauerhaften Erhaltung der Denkmale sowie zur Vermittlung des Denkmalgedankens und des Wissens über Denkmale erforderlich ist. Denkmale sind nach diesen Denkmalpflegeplänen im Rahmen des Zumutbaren zu erhalten und zu pflegen.

§ 9
Nutzung von Denkmalen

Denkmale sind so zu nutzen, daß ihre Erhaltung auf Dauer gewährleistet ist.

§ 10
Schutz der unmittelbaren Umgebung

(1) Die unmittelbare Umgebung eines Denkmals, soweit sie für dessen Erscheinungsbild von prägender Bedeutung ist, darf durch Errichtung oder Änderung baulicher Anlagen, durch die Gestaltung der unbebauten öffentlichen und privaten Flächen oder in anderer Weise nicht so verändert werden, daß die Eigenart und das Erscheinungsbild des Denkmals wesentlich beeinträchtigt werden.

(2) Die unmittelbare Umgebung eines Denkmals ist der Bereich, innerhalb dessen sich die bauliche oder sonstige Nutzung von Grundstücken oder von öffentlichen Flächen auf das Denkmal prägend auswirkt.

Dritter Abschnitt

Maßnahmen des Denkmalschutzes; öffentliche Förderung; Verfahrensvorschriften

§ 11
Genehmigungspflichtige Maßnahmen

(1) Ein Denkmal darf nur mit Genehmigung der zuständigen Denkmalbehörde
1. in seinem Erscheinungsbild verändert,
2. ganz oder teilweise beseitigt,
3. von seinem Standort oder Aufbewahrungsort entfernt oder
4. instand gesetzt, wiederhergestellt oder in seiner Nutzung verändert werden.

Dies gilt auch für das Zubehör und die Ausstattung eines Denkmals. Die Genehmigung nach Satz 1 ist zu erteilen, wenn Gründe des Denkmalschutzes nicht entgegenstehen oder ein überwiegendes öffentliches Interesse die Maßnahme verlangt.

(2) Einer Genehmigung bedarf ferner die Errichtung, Veränderung oder Beseitigung von Anlagen in der unmittelbaren Umgebung eines Denkmals, wenn sich dies auf den Zustand oder das Erscheinungsbild des Denkmals auswirkt. Die Genehmigung ist zu erteilen, wenn die Eigenart und das Erscheinungsbild des Denkmals durch die Maßnahme nicht wesentlich beeinträchtigt werden.

(3) Die Genehmigung kann unter Bedingungen und Auflagen sowie unter dem Vorbehalt des Widerrufs oder befristet erteilt werden. Gebietet es die besondere Eigenart eines Denkmals, kann die Genehmigung auch mit der Bedingung verbunden werden, daß bestimmte Arbeiten nur durch Fachleute oder unter der Leitung von Sachverständigen ausgeführt werden, die die zuständige Denkmalbehörde bestimmt.

(4) Alle Veränderungen und Maßnahmen an Denkmalen sind zu dokumentieren. Die Dokumentationspflicht obliegt dem Eigentümer, dem sonstigen Nutzungsberechtigten oder dem Veranlasser nach zumutbarer Maßgabe der zuständigen Denkmalbehörde.

§ 12
Genehmigungsverfahren

(1) Der Genehmigungsantrag ist der zuständigen Denkmalbehörde in Schriftform und mit aus denkmalfachlicher Sicht prüffähigen Unterlagen einzureichen; bei bauordnungsrechtlich genehmigungspflichtigen Vorhaben ist der Antrag bei der Bauaufsichtsbehörde einzureichen. Im Falle eines bauordnungsrechtlichen Genehmigungsverfahrens kann eine Genehmigung nach § 11 Abs. 1 und 2 auch gesondert beantragt werden. Dem Antragsteller wird innerhalb von vier Wochen nach Antragstellung die Ordnungsmäßigkeit und Vollständigkeit des Genehmigungsantrages bestätigt. Im Ausnahmefall kann die beantragte Genehmigung bis zu zwölf Monate ausgesetzt werden, soweit vorbereitende Untersuchungen am Denkmal oder seiner unmittelbaren Umgebung erforderlich sind. Satz 2 gilt entsprechend für das Zustimmungsverfahren nach der Bauordnung für Berlin.

(2) Die Genehmigung erlischt, wenn nicht innerhalb von zwei Jahren nach ihrer Erteilung mit der Ausführung begonnen oder wenn die Ausführung ein Jahr unterbrochen worden ist. Die Fristen nach Satz 1 können auf schriftlichen Antrag jeweils bis zu einem Jahr verlängert werden.

(3) Durch die Erteilung von Genehmigungen auf Grund dieses Gesetzes werden Genehmigungen, die auf Grund anderer Rechtsvorschriften erforderlich sind, nicht ersetzt. Wird im Falle eines bauordnungsrechtlichen Genehmigungs- oder Zustimmungsverfahrens eine Genehmigung nach § 11 Abs. 1 und 2 nicht gesondert beantragt, schließt die Baugenehmigung oder bauordnungsrechtliche Zustimmung die denkmalrechtliche Genehmigung ein. Die Entscheidung ergeht im Einvernehmen mit der zuständigen Denkmalbehörde. Das Einvernehmen gilt als hergestellt, wenn der Genehmigungsbehörde nicht innerhalb von vier Monaten nach Zugang des Stellungnahmeersuchens eine Verweigerung des Einvernehmens unter Angabe von Gründen vorliegt. Im bauaufsichtlichen Verfahren beteiligt die Bauaufsichtsbehörde die Denkmalschutzbehörde dann, wenn in der Denkmalliste eingetragene Denkmale betroffen sind. Diese Regelung gilt entsprechend für Entscheidungen, die die unmittelbare Umgebung eines Denkmals betreffen (§ 10 Abs. 1).

§ 13
Wiederherstellung; Stillegung

(1) Ist ein Denkmal ohne Genehmigung verändert und dadurch in seinem Denkmalwert gemindert worden oder ist es ganz oder teilweise beseitigt oder zerstört worden, so kann die zuständige Denkmalbehörde anordnen, daß derjenige, der die Veränderung, Beseitigung oder Zerstörung zu vertreten hat, den früheren Zustand wiederherstellt. Die Denkmalbehörde kann die erforderlichen Arbeiten auf Kosten des Verpflichteten durchführen lassen, wenn die denkmalgerechte Wiederherstellung sonst nicht gesichert erscheint. Sie kann von dem Verpflichteten einen angemessenen Kostenvorschuß verlangen. Verfügungsberechtigte, Mieter, Pächter und sonstige Nutzungsberechtigte haben die Durchführung der Maßnahme zu dulden.

(2) Werden genehmigungspflichtigte Maßnahmen ohne Genehmigung begonnen, so kann die zuständige Denkmalbehörde die vorläufige Einstellung anordnen. Werden unzulässige Bauarbeiten trotz einer schriftlich oder mündlich verfügten Einstellung fortgesetzt, so kann die zuständige Denkmalbehörde die Baustelle versiegeln oder die an der Baustelle vorhandenen Baustoffe, Bauteile, Geräte, Maschinen und Bauhilfsmittel in amtlichen Gewahrsam bringen. Die vorläufige Einstellung gilt für höchstens einen Monat.

§ 14
Auskunfts- und Duldungspflichten

(1) Verfügungs- und Nutzungsberechtigte sind verpflichtet, zur Erfüllung der Aufgaben nach diesem Gesetz den Denkmalbehörden oder ihren Beauftragten auf Verlangen die erforderlichen Auskünfte zu erteilen und Unterlagen vorzulegen. Notare, andere Personen und Stellen haben Urkunden, die sich auf ein Denkmal beziehen, den Denkmalbehörden vorzulegen und Auskünfte zu erteilen.

(2) Die Verfügungs- oder Nutzungsberechtigten haben zu ermöglichen, daß die Beauftragten der Denkmalbehörden in Wahrnehmung der Aufgaben nach diesem Gesetz auf Verlangen Grundstücke, Gebäude und Räume zu angemessener Tageszeit betreten können. Wohnungen dürfen gegen den Willen des Nutzungsberechtigten nur zur Verhütung einer dringenden Gefahr für ein Denkmal betreten werden. Das Grundrecht der Unverletzlichkeit der Wohnung (Artikel 13 des Grundgesetzes, Artikel 19 der Verfassung von Berlin) wird insoweit eingeschränkt.

(3) Die zuständigen Denkmalbehörden und ihre Beauftragten sind berechtigt, Bodendenkmale zu bergen und die notwendigen Maßnahmen zur Klärung der Fundumstände sowie zur Sicherung weiterer auf dem Grundstück vorhandener Bodenfunde durchzuführen.

(4) Der Wechsel des Eigentums an einem Denkmal ist unverzüglich der unteren Denkmalschutzbehörde von dem Veräußerer und im Falle der Erbfolge von dem Erben anzuzeigen.

§ 15
Öffentliche Förderung

(1) Für Maßnahmen zur Erhaltung, Unterhaltung und Wiederherstellung von Bau-, Garten- und Bodendenkmalen sowie sonstigen Anlagen von denkmalpflegerischem Interesse können im Rahmen der im Haushaltsplan von Berlin bereitgestellten Mittel Darlehen oder Zuschüsse gewährt werden.

(2) Die Gewährung eines Darlehens oder eines Zuschusses kann mit Auflagen und Bedingungen verbunden werden. Auflagen und Bedingungen, die sich auf den Bestand oder das Erscheinungsbild der Anlagen beziehen, sind auf Ersuchen der Denkmalfachbehörde als Baulasten in das Baulastenverzeichnis nach der Bauordnung für Berlin einzutragen. Das Nähere regelt die zuständige Senatsverwaltung durch Förderrichtlinien.

Vierter Abschnitt

Ausgleichspflichtige Eigentumsbeschränkung, Enteignung, Vorkaufsrecht

§ 16
Ausgleichspflichtige Eigentumsbeschränkung

(1) Soweit durch die Anordnung von Maßnahmen nach § 8 und § 9 besondere Aufwendungen erforderlich werden, die in der Eigenschaft des Denkmals begründet sind und über das auch bei einem Denkmal wirtschaftlich zumutbare Maß hinausgehen, kann der Verfügungsberechtigte für die dadurch entstehenden Vermögensnachteile einen angemessenen Ausgleich in Geld verlangen. Unzumutbar ist eine wirtschaftliche Belastung insbesondere, soweit die Kosten der Erhaltung und Bewirtschaftung dauerhaft nicht durch die Erträge oder den Gebrauchswert des Denkmals aufgewogen werden können. Ein Anspruch auf Ausgleich besteht nicht, soweit der Verfügungsberechtigte oder sein Rechtsvorgänger die besonderen Aufwendungen durch mangelnde Instandhaltung selbst zu verantworten hat.

(2) Wird durch die Versagung einer nach § 11 Abs. 1 oder 2 erforderlichen Genehmigung oder durch sonstige behördliche Maßnahmen auf Grund dieses Gesetzes eine bisher rechtmäßig ausgeübte wirtschaftliche Nutzung eines Denkmals oder seiner unmittelbaren Umgebung wirtschaftlich unzumutbar erschwert, so kann ebenfalls ein angemessener Ausgleich in Geld verlangt werden.

(3) § 254 des Bürgerlichen Gesetzbuches gilt sinngemäß. Öffentliche Fördermaßnahmen und staatliche Begünstigungen sind auf den Ausgleich anzurechnen.

(4) Würde der Ausgleich nach Absatz 1 oder 2 mehr als 50 vom Hundert des Verkehrswertes des Grundstücks oder des Verfügungsrechts betragen, so kann das Land Berlin die Übertragung des Eigentums oder sonstigen Verfügungsrechts verlangen. Kommt eine Einigung über die Übertragung nicht zustande, so kann das Land Berlin die Enteignung zu seinen Gunsten verlangen.

§ 17
Enteignung

(1) Kann eine Gefahr für den Bestand, die Eigenart oder das Erscheinungsbild eines Denkmals auf andere Weise nicht nachhaltig abgewehrt werden, so ist die Enteignung zugunsten des Landes Berlin zulässig.

(2) Der Eigentümer von Zubehör und Ausstattung im Sinne von § 2 Abs. 2 Satz 2 und Abs. 4 Satz 2, der nicht zugleich Verfügungsberechtigter des Bau- oder Gartendenkmals ist, kann zur Aufrechterhaltung der Einheit von Denkmalwert verpflichtet werden, die Zubehör- und Ausstattungsstücke auch nach Beendigung seines Nutzungsrechts in dem Bau- oder Gartendenkmal zu belassen. Soweit ihm hierdurch wirtschaftlich nicht zumutbare Nachteile entstehen, kann er einen angemessenen Ausgleich in Geld verlangen. Eine Enteignung zugunsten des Verfügungsberechtigten des Bau- oder Gartendenkmals ist zulässig, wenn die Einheit von Denkmalwert auf andere Weise nicht sichergestellt werden kann.

(3) Für die Enteignung und Entschädigung, auch bei beweglichen Sachen, gelten die Vorschriften des Berliner Enteignungsgesetzes vom 14. Juli 1964 (GVBl. S 737), geändert durch Artikel I des Gesetzes vom 30. November 1984 (GVBl. S. 1664), soweit in diesem Gesetz nicht etwas anderes bestimmt ist.

§ 18
Vorkaufsrecht

(1) Dem Land Berlin steht beim Kauf von Grundstücken, auf oder in denen sich Baudenkmale, Gartendenkmale oder ortsfeste Bodendenkmale befinden, ein Vorkaufsrecht zu. Es darf im Einvernehmen mit der Denkmalfachbehörde nur ausgeübt werden, wenn dadurch die dauernde Erhaltung des Baudenkmals, Gartendenkmals oder ortsfesten Bodendenkmals gesichert werden

kann. Im übrigen finden die Bestimmungen der §§ 24 bis 28 des Baugesetzbuches in der Fassung der Bekanntmachung vom 8. Dezember 1986 (BGBl. I S 2253), das zuletzt durch Artikel 2 Abs. 2 des Gesetzes vom 23. November 1994 (BGBl. I S 3486) geändert worden ist, über das gesetzliche Vorkaufsrecht der Gemeinde sinngemäß Anwendung.

(2) Das Land Berlin kann das Vorkaufsrecht auch zugunsten einer anderen juristischen Person des öffentlichen Rechts ausüben. Es kann das Vorkaufsrecht zugunsten einer juristischen Person des Privatrechts nur ausüben, wenn die dauernde Erhaltung der in oder auf einem Grundstück liegenden Baudenkmale, Gartendenkmale oder ortsfesten Bodendenkmale zu den satzungsmäßigen Aufgaben der juristischen Person gehört und bei Berücksichtigung aller Umstände gesichert ist. Absatz 1 Satz 2 gilt entsprechend. Das Land Berlin kann das Vorkaufsrecht zugunsten eines anderen nur ausüben, wenn ihm die Zustimmung des Begünstigten vorliegt.

Fünfter Abschnitt

Bußgeldvorschriften

§ 19
Ordnungswidrigkeiten

(1) Ordnungswidrig handelt, wer vorsätzlich oder fahrlässig

1. entgegen § 3 Abs. 1 Satz 1 nach Entdeckung eines Bodendenkmals die Arbeiten an der Fundstelle nicht sofort einstellt oder die Entdeckung der zuständigen Behörde nicht unverzüglich anzeigt,
2. entgegen § 3 Abs. 1 Satz 3 den Fund oder die Fundstelle bis zum Ablauf von vier Werktagen nach Abgabe der Anzeige nicht in unverändertem Zustand beläßt, sofern die oberste Denkmalschutzbehörde der Fortsetzung der Arbeit nicht zugestimmt hat,
3. entgegen § 3 Abs. 3 Satz 1 ohne Einwilligung der zuständigen Denkmalbehörde nach Bodendenkmalen gräbt,
4. entgegen § 8 Abs. 2 einer von der zuständigen Denkmalbehörde zur Erhaltung des Denkmals getroffenen vollziehbaren Anordnung nicht nachkommt oder deren Durchführung nicht duldet,
5. entgegen § 8 Abs. 3 Satz 2 ein Gartendenkmal nicht erhält oder pflegt,
6. ohne die nach § 11 Abs. 1 oder Abs. 2 Satz 1 erforderliche Genehmigung eine dort genannte Handlung vornimmt oder eine gemäß § 11 Abs. 3 mit der Genehmigung verbundene Auflage oder Bedingung nicht erfüllt,
7. eine zur Wiederherstellung eines Denkmals von der zuständigen Denkmalbehörde erlassenen vollziehbaren Anordnung nach § 13 Abs. 1 Satz 1 zuwiderhandelt oder entgegen § 13 Abs. 1 Satz 4 die Durchführung der Maßnahmen nicht duldet,
8. entgegen § 14 Abs. 1 der Auskunfts- oder Vorlagepflicht nicht vollständig oder nicht richtig nachkommt oder entgegen § 14 Abs. 2 einen Beauftragten einer Denkmalbehörde das Betreten eines Grundstücks oder Besichtigen eines Denkmals nicht gestattet,
9. entgegen § 14 Abs. 4 den Eigentumswechsel nicht unverzüglich anzeigt.

(2) Die Ordnungswidrigkeit kann mit einer Geldbuße bis zu einer Million Deutsche Mark geahndet werden.

Sechster Abschnitt

Übergangs-Schlußvorschriften

§ 20
Verwaltungsvorschriften

Die zuständige Senatsverwaltung erläßt die zur Ausführung dieses Gesetzes erforderlichen Verwaltungsvorschriften.

§ 21
Religionsgemeinschaften

(1) Entscheidungen und Maßnahmen der zuständigen Denkmalbehörde über Denkmale, die unmittelbar gottesdienstlichen Zwecken anerkannter Religionsgemeinschaften dienen, sind im Benehmen mit den zuständigen Behörden der Religionsgemeinschaften und unter Berücksichtigung der von diesen festgestellten gottesdienstlichen Belange zu treffen.

(2) § 16 Abs. 4 und § 17 finden auf Denkmale, die unmittelbar gottesdienstlichen Zwecken dienen, keine Anwendung.

§ 22
Überleitungsvorschrift

Die in dem Baudenkmalbuch und in dem Bodendenkmalbuch bislang eingetragenen Denkmale sowie die als in das Baudenkmalbuch eingetragen geltenden Denkmale gelten mit dem Inkrafttreten dieses Gesetzes als in die Denkmalliste nachrichtlich eingetragen. Bestands- und rechtskräftige Entscheidungen wirken gegenüber den Verfügungsberechtigten und Dritten fort.

§ 23
Inkrafttreten

(1) Dieses Gesetz tritt am Tage nach der Verkündung im Gesetz- und Verordnungsblatt für Berlin in Kraft.

(2) Mit dem Inkrafttreten dieses Gesetzes tritt das Denkmalschutzgesetz Berlin vom 22. Dezember 1977 (GVBl. S. 2540), geändert durch Artikel I des Gesetzes vom 30. November 1981 (GVBl. S. 1470), außer Kraft.

(3) Die nach § 17 des Denkmalschutzgesetzes Berlin vom 22. Dezember 1977 (GVBl. S. 2540) erlassenen Rechtsverordnungen treten spätestens fünf Jahre nach Inkrafttreten dieses Gesetzes außer Kraft.

Achtes Gesetz zur Änderung der Bauordnung für Berlin Vom 4. Juli 1997 (GVBl. S. 376)

Artikel II

§ 12 des Denkmalschutzgesetzes Berlin vom 24. April 1995 (GVBl. S. 274) wird wie folgt geändert:

1. Absatz 3 Satz 4 wird aufgehoben.
2. Die bisherigen Sätze 5 und 6 werden die Sätze 4 und 5

Gesetz zu Artikel 11 der Verfassung von Berlin (Herstellung gleichwertiger Lebensbedingungen von Menschen mit und ohne Behinderung) Vom 17. Mai 1999 (GVBl. S. 178)

Artikel IV

Änderung des Denkmalschutzgesetzes Berlin

In § 11 des Denkmalschutzgesetzes Berlin vom 24. April 1995 (GVBl. S. 274), das durch Artikel II des Gesetzes vom 4. Juli 1997 (GVBl. S. 376) geändert worden ist, wird folgender Absatz 5 angefügt:

"(5) Die Denkmalbehörden berücksichtigen bei ihren Entscheidungen die Belange mobilitätsbehinderter Personen."

Fußnoten

1 Ausführliche Literaturangaben lassen sich in den Publikationen finden: Uhlig, J.; Köpenick Geschichte der Berliner Verwaltungsbezirke Band 16 hrsg. v. W. Ribbe, Stapp Verlag Berlin 1997. Bibliographie zur Baugeschichte in: 5. Tag für Denkmalpflege in Köpenick - 20. Juni 1991 hrsg.: Senatsverwaltung für Stadtentwicklung und Umweltschutz, Berlin 1991. Die Bau- und Kunstdenkmale in der DDR, hrsg. v. Institut für Denkmalpflege bearbeitet u.a. v. Heinrich Trost, Berlin 1987, zit. Trost, H., a. a. O.

2 Uhlig, J., a. a. O. 37; Zernack, K. , Köpenick und das Land der Zpriauni in voraskanischer Zeit in: Jahrbuch für die Geschichte Mittel- und Ostdeutschlands 9/10 (1961); Herrmann, J., Die vor- und frühgeschichtlichen Burgwälle Groß-Berlins und des Bezirkes Potsdam, Berlin 1960.

3 Uhlig, J., a. a. O., 40f. Engel, H., Köpenick - Stadt und Bezirk am Rande Berlins in: 5. Tag für Denkmalpflege in Köpenick, hrsg. Senatsverwaltung für Stadtentwicklung und Umweltschutz 1991, 43 - 70, 43.

4 Malliaris, M., Die Ausgrabung Alt-Köpenick 17 bis 19 in Berlin-Köpenick in: Geschichtswerkstatt Spree-Insel, Historische Topographie - Stadtarchäologie - Stadtentwicklung hrsg. v. H. Engel, J. Haspel u. W. Ribbe.

5 Codex diplomaticus Brandeburgensis. Sammlung der Urkunden, Chroniken und sonstigen Geschichtsquellen für die Geschichte der Altmark Brandenburg und ihrer Regenten, hrsg. v. A. Fr. Riedel, Berlin 1838 ff.

6 Uhlig, J., a. a. O., 42.

7 Engel, H., Köpenick a. a. O.

8 Bei erneuten Ausgrabungen, während der zur Zeit vorgenommenen Sanierung der Schloßanlage, wurde ein Turmschaft freigelegt. Nach den gegenwärtigen Planungen wird dieser Turmschaft für Besucher zu sehen sein.

9 Uhlig, J., a. a. O., 49 ff.

10 Trost, H., a. a. O., 273 ff. Engel, H., Köpenick, a. a. O., 47.

11 Engel, H., a. a. O., 46.

12 Trost, H., a. a. O., 274.

13 Trost, H., a. a. O., 284. Engel, H., Köpenick, a. a. O., 46ff.

14 Engel, H., Köpenick, a. a. O., 46ff.

15 Uhlig, J., a. a. O., 53.

16 Engel, H., Köpenick, a. a. O., 47.

17 Uhlig, J., a. a. O., 52.

18 Uhlig, J., a. a. O., 52 ff.

19 Alt-Köpenick 15, Denkmalausweisung Landesdenkmalamt Berlin

20 Uhlig, J., a. a. O., 52.

21 Engel, H., Köpenick, a. a. O., 49f.

22 Engel, H., Köpenick, a. a. O., 50.

23 Freiheit 15, Denkmalausweisung Landesdenkmalamt Berlin

24 Uhlig, J., a. a. O., 67.

25 Rach, H.- J., Die Dörfer in Berlin. Ein Handbuch der ehemaligen Landgemeinden im Stadtgebiet von Berlin, hrsg. Akademie der Wissenschaften der DDR Zentralinstitut für Geschichte Wissenschaftliche Kulturgeschichte/Volkskunde Verlag für Bauwesen Berlin DDR 1988, 2. durchgesehene Nachauflage 1990, S. 155 ff., zit. Rach, H. J. a. a.O.

26 Dunger, M., Fabrikantenvilla Lindenstraße 35 (Köpenick) in: Reparieren, Renovieren, Restaurieren, Vorbildliche Denkmalpflege in Berlin, Berlin 1998, 66-67.

27 Engel, H., Köpenick, a. a. O., 53f.

28 Trost, H., a. a. O., 299ff.

29 Rach, H.-J., a. a. O., 292.

30 Schönerlinder Straße, Denkmalausweisung Landesdenkmalamt Berlin.

31 Architekten- und Ingenieurverein, Berlin und seine Bauten, 2 Bde., Berlin 1896, 2. Auflage Bd. 621- 623, zieht.: AIV 1896 Bd.2; Bösel, R., Spindler wäscht Spindler färbt Spindler reinigt, Manuskript Heimatmuseum Köpenick Berlin 1990.

32 Engel, H., a. a. O., 57.

33 Neumeyer, Fritz, Der Werkswohnungsbau der Industrie in Berlin und seine Entwicklung im 19. und frühen 20. Jahrhundert, Diss. Ing. TUB 1978 , S. 95 ff.

34 Zur Gründungsgeschichte ausführlich: Uhlitz, O., Die Gründung Friedrichshagens, in: Der Bär von Berlin (1983) 33 - 66. Kießhauer, R., Paul Ehlert über Friedrichshagen, Teil I - III in: Friedrichshagener Hefte 10-12 hrsg. v.. Antiquariat Friedrichshagen - K. Brandel - Berlin - Friedrichhagen 1996.

35 Kießhauer, R., Friedrichshagen am Müggelsee, in: Bauwelt 42/43 (1991), 2269-2271, 2270. Chronisten führten für das Jahr 1860 60 Gäste auf. In den Folgejahren stieg diese Zahl auf 2000 an.

36 Lauter gute Adressen? Restaurierung von Treppenhaus- und Hofbemalungen in Berliner Mietshäusern, in: Beiträge zur Denkmalpflege in Berlin Heft 11, Berlin 1997, 53.

37 Aßmannstraße 11, Denkmalausweisung Landesdenkmalamt Berlin.

38 Müggelseedamm 301- 307 & 308 & 310, Denkmalausweisung Landesdenkmalamt Berlin. Trost, H., a. a. O., 339 ff. Wasserwerk Friedrichshagen, Industriedenkmal und Versorgungsbetrieb 1893 - 1993; hrsg. v. d. Berliner Wasserbetrieben, Berlin, München 1993. An dieser Stelle kann nur ein kleiner Ausschnitt zur Geschichte des Wasserwerkes Friedrichshagens gegeben werden, da der Umfang den Rahmen dieses Buches sprengen würde.

39 Wasserwerk Friedrichshagen a. a. O. 43. Trost, H., a. a. O., 339 ff. Müggelseedamm 301- 307 & 308 & 310, Denkmalausweisung Landesdenkmalamt.

40 Engel, H., Köpenick, a. a. O., 56f.

41 Rach, H. J., a. a. O., 263.

42 Trost, H., a. a. O., 345.

43 Dorfstraße Denkmalausweisung Landesdenkmalamt Berlin.

44 Rach , H. J., a. a. O., 264.

45 Alt-Müggelheim, Denkmalausweisung Landesdenkmalamt Berlin.

46 Alt-Müggelheim 21/22 Denkmalausweisung Landesdenkmalamt Berlin. Trost, H., a. a. O., 350

47 Rach, H.J., a. a. O., 228.

48 Trost, H., a. a. O., 352.

49 Trost, H., a. a. O., 355.

50 Trost , H., a. a. O., 354.

51 Rach, H.J., a. a. O., 246; Verordnung über die Erhaltung baulicher Anliegen und der städtebaulichen Eigenart des Gebietes "Oberschöneweide im Bezirk Köpenick v. Berlin 1993".

52 Kohlenbach, B., Industriedenkmale in Oberschöneweide, Informationsblatt des Landesdenkmalamtes Berlin o. Jahr.

53 Zeppelinstraße 73 - 87, Denkmalausweisung Landesdenkmalamt Berlin.

54 Verordnung über die Erhaltung baulicher Anliegen und der städtebaulichen Eigenart des Gebietes "Oberschöneweide im Bezirk Köpenick v. Berlin 1993".